BEI GRIN MACHT SICH IHR WISSEN BEZAHLT

Bibliografische Information der Deutschen Nationalbibliothek:

Die Deutsche Bibliothek verzeichnet diese Publikation in der Deutschen National-
bibliografie; detaillierte bibliografische Daten sind im Internet über http://dnb.d-
nb.de/ abrufbar.

Impressum:

Copyright © 2015 GRIN Verlag, Open Publishing GmbH
Druck und Bindung: Books on Demand GmbH, Norderstedt Germany
ISBN: 978-3-668-02613-1

Dieses Buch bei GRIN:

http://www.grin.com/de/e-book/304437/wie-grimmig-ist-disney-ein-vergleich-zwi-
schen-disney-filmen-und-ihren

Anonym

Wie grimmig ist Disney? Ein Vergleich zwischen Disney Filmen und ihren grimmschen Originalvorlagen

GRIN Verlag

GRIN - Your knowledge has value

Der GRIN Verlag publiziert seit 1998 wissenschaftliche Arbeiten von Studenten, Hochschullehrern und anderen Akademikern als eBook und gedrucktes Buch. Die Verlagswebsite www.grin.com ist die ideale Plattform zur Veröffentlichung von Hausarbeiten, Abschlussarbeiten, wissenschaftlichen Aufsätzen, Dissertationen und Fachbüchern.

Besuchen Sie uns im Internet:

http://www.grin.com/

http://www.facebook.com/grincom

http://www.twitter.com/grin_com

BACHELORARBEIT

Wie grimmig ist Disney?

Ein Vergleich zwischen Disney
Filmen und ihren grimmschen
Originalvorlagen

2015

Fakultät: Medien

BACHELORARBEIT

Wie grimmig ist Disney?

Ein Vergleich zwischen Disney Filmen und ihren grimmschen Originalvorlagen

Studiengang:
Angewandte Medien

Einreichung:
24.06.2015

BACHELOR THESIS

How much 'Grimm' is Disney?

A comparison between Disney movies and the original Brothers Grimm fairy tales they are based on

course of studies:
Angewandte Medien

submission:
24.06.2015

Bibliografische Angaben

Wie grimmig ist Disney?
Ein Vergleich zwischen Disney Filmen und ihren grimmschen Originalvorlagen

How much 'Grimm' is Disney?
A comparison between Disney movies and the original Brothers Grimm fairy tales they are based on

50 Seiten, Hochschule Mittweida, University of Applied Sciences,
Fakultät Medien, Bachelorarbeit, 2015

Abstract

Intention der Arbeit ist es, einen Vergleich zwischen den Grimm Märchen und Disneys Verfilmungen anzustellen. Im Fokus des Forschungsinteresses steht dabei die Frage wie viel Disney von den grimmschen Märchen in seinen Verfilmungen aufgegriffen und verändert hat. Anhand der Analyse des „Classic Disney Modells" soll erkennbar gemacht werden, auf welche Werte und Vorstellungen das Unternehmen Disney setzt. Außerdem werden die stilistischen Merkmale eines Märchens nach Max Lüthi in den Grimm Märchen und Märchenadaptionen Disneys untersucht, um Gemeinsamkeiten und Unterschiede aufzuzeigen Die Untersuchung wird anhand der Grimm Märchen „Schneewittchen" und „Dornröschen" und deren Disney Verfilmungen „Schneewittchen und die sieben Zwerge" und „Dornröschen" durchgeführt. Die Arbeit zeigt, dass Disney enorme Veränderungen durchgeführt hat und von den Grimm Versionen nicht mehr viel übrig bleibt

.

Inhaltsverzeichnis

1 Einleitung

„In der möglichen Konstruktion einer unmöglichen Welt liegt gleichsam das grundlegende Gemeinsame von Märchen und Film."[1]

(Fabienne Liptay)

Es ist eine rührende Geschichte, die am 4. Juni 2015 von der englischen Zeitschrift „Sunderland Echo" veröffentlicht wurde.[2] Eine zweifache Mutter ist an einer äußerst seltenen Krebsform erkrankt. Ihr letzter Wunsch: mit ihren Kindern nach Disneyland fahren. Sie möchte ihnen noch so viele schöne Momente wie möglich bereiten. Kein anderer Ort eignet sich dafür besser als das Disneyland. Unzählige Attraktionen, fantasievolle Gärten und lebendige Märchencharaktere begeistern Groß und Klein und entführen sie in eine Welt ohne Kummer und Sorgen. Was sonst nur auf der großen Kinoleinwand oder dem Bildschirm zu Hause existiert, wird im Disneyland Wirklichkeit. Seit nun mehr als 80 Jahren begeistert Disney mit seinen Filmen Kinder und Erwachsene. Aus einer kleinen Zeichentrick Maus entwickelte sich ein gigantisches Unterhaltungsimperium. Jedes Mal aufs Neue stürmen die Zuschauer scharenweise in die Kinos. Jeder Film ist ein erfolgreiches und liebevolles Meisterwerk, das den Zuschauer in seinen Bann zieht – u. a. auch die Autorin dieser Arbeit. Ein Großteil der Produktionen sind Adaptionen von Märchen. Diese literarische Gattungsart wurde vor allem durch die Brüder Jacob und Wilhelm Grimm geprägt. Als diese begannen Märchen zu sammeln um sie in einem Buch festzuhalten, ahnten sie mit Sicherheit nicht, welchen Bekanntheitsgrad ihr Werk „Die Kinder- und Hausmärchen" mal erreichen würde. Die meisten deutschen Kinder und auch viele ihrer englischen Altersgenossen machten anhand ihrer Werke erste Lektüreerfahrungen.[3] Aus mündlichen Überlieferungen entstanden zunächst verschriftliche Sammelbände, deren Inhalte heute in zahlreichen Verfilmungen wiederzufinden sind.

---

[1] Liptay, Fabienne (2004): WunderWelten, Märchen im Film, Remscheid, S. 111

[2] Vgl. Sunderland Echo (Hrsg.): Disney Dream of Sunderland mum who has cancer which effects one in five million. 04.06.2015, In: http://www.sunderlandecho.com/news/health/disney-dream-of-sunderland-mum-who-has-cancer-which-affects-one-in-five-million-1-7292713 (Zugriff am 11.06.2015)

[3] Budde, Gunilla-Friederike (1994): Auf dem Weg ins Bürgerleben. Kindheit und Erziehung in deutschen und englischen Bürgerfamilien 1840-1914, Göttingen, S. 128

Die vorliegende Arbeit behandelt die Frage wie viel von den grimmschen Märchen in den Märchenadaptionen Disneys wiederzufinden ist. Der Schwerpunkt der Untersuchung liegt dabei auf der Analyse der Stilmerkmale eines Märchens nach Max Lüthi. Durch den Vergleich einzelner Texte im hermeneutischen Verfahren hat der Schweizer Literaturforscher versucht einen Idealtypus des Märchens herauszuarbeiten. Seine Untersuchungen veröffentlichte er 1947 in seinem Buch „Das europäische Volksmärchen". Welche Stilmerkmale Lüthis in den Volksmärchen der Brüder Grimm und in den Märchenverfilmungen Disneys vorkommen, wird in dieser Arbeit untersucht. Inwieweit haben Disneys Werte und Vorstellungen die Inhalte der Grimm Märchen verändert? Um dieser Frage nachgehen zu können, muss zunächst erläutert werden welche Weltanschauung der Disney-Konzern hat.

Die folgende Untersuchung wird anhand der Disney Filme „Schneewittchen und die sieben Zwerge" (1937) und „Dornröschen" (1959) durchgeführt. Nicht alle Märchenadaptionen Disneys basieren auf einer Vorlage der Brüder Grimm. Aus dem Grund wurden diese zwei Filme ausgewählt, weil sie direkte Adaptionen der Grimm Märchen „Schneewittchen" und Dornröschen" sind. Der Vergleich basiert auf der Grimm Version in der letzten herausgegebenen Ausgabe der „Kinder- und Hausmärchen" aus dem Jahr 1857. Die Ausgabe letzter Hand beinhaltet die vollständig überarbeitete Version der Märchen, die weltweit bekannt ist und auf die auch die Adaptionen Disneys basieren. Die Untersuchung konzentriert sich nur auf die wichtigsten und prägnantesten Elemente, da eine Analyse jedes Details den Rahmen dieser Arbeit sprengen würde.

Zunächst wird der Begriff „Märchen" definiert, da die folgenden Untersuchungen auf dieser literarischen Gattung basieren. Was versteht man im Allgemeinen unter einem Märchen und was zeichnet es aus?

Die zwei darauffolgenden Kapitel beschäftigen sich mit dem Leben der Brüder Grimm und dem Walt Disneys. Wie kamen die Grimms überhaupt dazu Märchen zu sammeln und wie konnte aus einer kleinen Zeichentrick Maus so ein riesiger Konzern entstehen?

Danach wird die Problematik der Verfilmung von Märchen aufgegriffen. Das Märchen zeichnet sich durch ein hohes Maß an Bildhaftigkeit aus. Trotzdem ist eine Visualisierung schwierig. Kritiker unterstellen dem Märchenfilm, dass er dem Zuschauer keinen Interpretationsraum lässt und die eigene Vorstellungskraft verdrängt.

Das sechste Kapitel beschreibt die Merkmale der Disney Filme und das sogenannte „Classic Disney Modell". Was zeichnet einen Disney Film aus? Welche Motive kehren immer wieder und auf was legt Disney besonderen Wert?

Das darauffolgende Kapitel greift die Forschungsergebnisse von Max Lüthi auf und stellt seine untersuchten Stilmerkmale des Idealtyps eines Volksmärchens dar.

Das letzte Kapitel untersucht die Stilmerkmale Lüthis in den Märchen der Brüder Grimm und in den Disney Filmen. Welche Merkmale werden eingehalten oder können gar nicht eingehalten werden?

Im abschließenden Resümee fasse ich meine Untersuchungsergebnisse zusammen.

2 Märchen

Da die vorliegende Arbeit Bezug auf die literarische Gattung Märchen nimmt, wird versucht der Frage nachzugehen, was unter dem Begriff „Märchen" verstanden werden kann. Damit soll eine Grundlage für weitere Diskussionen geschaffen werden.

2.1 Zum Begriff Märchen

Das Wort „Märchen" ist eine Verkleinerungsform des mittelhochdeutschen Wortes „maere", das „Nachricht", „Kunde", „Bericht", „Erzählung" oder „Gerücht" bedeutet. Im Mittelalter hat sich schließlich die Übersetzung „Erzählung" durchgesetzt.[4] Die Bedeutung des Begriffs musste sich im Laufe der Zeit (13.-16. Jahrhundert) einer Verschlechterung unterziehen. Mit dem Märchen wurde etwas Negatives assoziiert, da erfundene, unwahre Geschichten mit ihm in Verbindung gebracht wurden. Es entstanden Begriffe wie „lügemaere" und „tandmaere", die bis in die heutige Zeit unserem Sprachgebrauch erhalten geblieben sind. Zu nennen sind hier der Begriff „Lügenmärchen" und die Äußerung „Erzähl mir keine Märchen!". Im 18. Jahrhundert. setzte eine Gegenbewegung ein. Französische Feenmärchen und Geschichten aus „Tausendundeiner Nacht" entstanden und Herder sowie andere Vertreter des Sturm und Drang schafften literarische Werke. Im 19. Jahrhundert wurden die ersten Märchensammlungen von Ludwig Brechstein und den Brüdern Grimm veröffentlicht. Diese literarischen Texte trugen erheblich zu einem Bedeutungswandel des Märchens bei.[5]

Im Deutschen steht das mitteldeutsche Wort „Märchen" heute für eine bestimmte wertungsfreie Erzählgattung und grenzt sich deutlich von anderen Gattungen wie der Sage, Novelle, Fabel und Legende ab. In anderen Sprachen bleibt der Begriff problematisch, da ihm eine allgemeinere Bedeutung zugeschrieben wird (z.B.: engl. tale, franz. conte), er auch für benachbarte Gattungen gilt (z.B.: engl. folktale, franz. légende) oder er nur einen Teil des Machtguts bezeichnet (z.B.: engl. fairy tale, franz. conte de fées).[6] Aus diesem Grund hat sich auch bei ausländischen Forschern der Begriff „Märchen" durchgesetzt. Die Märchendefinition des amerikanischen Professors Stith Thompson liefert

---

[4] Vgl. Panzer, Friedrich (1926): Märchen. In: Deutsche Volkskunde, Leipzig, http://www.maerchenlexikon.de/texte/archiv/panzer01.htm (Zugriff am 19.05.2015)
[5] Vgl. Lüthi, Max (1990): Märchen. 8., durchgesehene Auflage, Stuttgart, S. 1
[6] Vgl. Lüthi (1990): S. 1 f.

ein Beispiel: *„A **Märchen** is a tale of some length involving a succession of motifs or episodes."*[7]

Zwar sind wir von Kindheit auf an mit dem Märchen vertraut, doch eine spontane Definition des Begriffs ist nicht so einfach, wie es auf den ersten Blick erscheint. Viele Wissenschaftler und Spezialisten haben sich an einer eindeutigen Definition versucht, jedoch lässt sich an jeder etwas aussetzen oder etwas Entscheidendes wird gar nicht erst aufgeführt.[8] Als wichtigste Charakteristika des Märchens werden häufig die Ausdrücke *„Zauber, Wunder [und] Übernatürliches"*[9] genannt. Der Definitionsversuch von Bolte und Polívka liefert beispielsweise keine Information über die Bauart des Märchens:

> *„Unter einem Märchen verstehen wir seit Herder und den Brüdern Grimm eine mit dichterischer Phantasie entworfene Erzählung besonders aus der Zauberwelt, eine nicht an die Bedingungen des wirklichen Lebens geknüpfte wunderbare Geschichte, die hoch und niedrig mit Vergnügen anhören, auch wenn sie diese unglaublich finden."*[10]

Kurt Ranke nimmt ebenfalls Bezug auf den Zauber, definiert jedoch sehr abstrakt: *„Eine von den Bedingungen der Wirklichkeitswelt in ihren Kategorien Zeit, Raum und Kausalität unabhängige Erzählung wunderbaren Inhalts, die keinen Anspruch auf Glaubwürdigkeit hat."*[11] Karlinger betont, dass eine Beschränkung auf das Wunderbare und Zauberhafte im Märchen zu einseitig und unvollständig sei.[12] Als gelungener erachtet er Lüthis Definition, die Auskunft über Funktion und Wesen der Gattung gibt: *„Das Märchen ist eine welthaltige Abenteuererzählung von raffender, sublimierender Stilgestalt."*[13] Auch hier muss angemerkt werden, dass diese Definition zu einseitig ist und nicht alle Charakteristika eines Märchens umfasst.

Die eben angeführten Begriffsbestimmungen verdeutlichen die Problematik einer einheitlichen Märchen-Definition. Lüthi erklärt, dass ein Prototyp fehlt, der formale und inhaltliche Kriterien festsetzt.[14] Wenn von einem Grundtyp des Märchens ausgegangen

---

[7] Thompson, Stith (1977): The Folktale. University of California Press, Berkeley Los Angeles London, S. 8 [Hervorh. d. Verf.]

[8] Vgl. Hetmann, Frederik (1999): Märchen und Märchendeutung. erleben & verstehen, Klein Königsförde, S. 13

[9] Lüthi (1990): S. 2

[10] Bolte, Johannes / Polívka, Georg (1930): Anmerkungen zu den Kinder- und Hausmärchen der Brüder Grimm, Bd. 4., Leipzig, S. 4

[11] Hetmann (1999): S. 15

[12] Vgl. Karlinger, Felix (1988): Geschichte des Märchens im deutschen Sprachraum. 2., erweiterte Auflage, Darmstadt, S. 2

[13] Lüthi, Max (1978): Das europäische Volksmärchen. 6., durchgesehene Auflage, Stuttgart, S. 77

[14] Vgl. Karlinger (1988): S. 1

wird, dann muss dieser laut Lüthi *„als Idealtyp aufgefasst werden; die einzelnen Erzäh-
lungen umkreisen ihn, nähern sich ihm, ohne ihn je ganz zu erreichen."*[15]

2.2 Volksmärchen

Es gibt zwei Hauptformen des Märchens. Die Volks- und Kunstmärchen. Allerdings be-
zieht sich die Bezeichnung „Märchen" heute nur noch auf die Volksmärchen, die aufgrund ihrer Popularität auch als „eigentliche Märchen" bezeichnet werden.

Volksmärchen haben sich durch mündliche Überlieferung bewahrt. Sie sind anonymer
Herkunft ohne feste Textgestalt. Folgende Aussage Lüthis stützt diese These: *„Der Ar-
chetypus der Volkserzählung ist nämlich nicht ein Text und kann nie ein Text sein, was
durch die mündliche Tradition des Märchens bedingt wird. Er ist Stoff, der sich als Sinn-
zusammenhang bietet."*[16] Es ist wichtig, wo und wie das Volksmärchen erzählt wird und
wer seine Zuhörer sind, hebt Karlinger hervor. Die Erzählung kann der Situation angepasst werden, ist jedoch nicht rekonstruierbar. Unterschiedliche Erzählversionen eines
Volksmärchens entstehen, weil die eigene Intention des Erzählers eine große Rolle
spielt. Mimik und Gestik bestimmen die Erzählung und erzeugen bestimmte Reaktionen
und Stimmungen bei den Zuhörern. Eine gedruckte Fassung kennt keine erlebte Erzählsituation.[17] Karlinger betont: *„Die Erzählsituation steht [...] in gewissem Umfang vor und
über dem Text."*[18]

Das Volksmärchen zeichnet sich durch einen schellen Handlungsablauf ohne große
Ausschweifungen aus. Figuren und Requisiten werden nur knapp benannt. Selten wird
ein Einblick in die Gefühlswelt der handelnden Personen geboten. Angaben zu Ort und
Zeit gibt es nicht.[19] Weitere Gattungsmerkmale sind eine *„meist einsträngig geführte
Handlung"*[20] und *„die Vorliebe [...] für alles klar ausgeprägte [...] Extreme und Kon-
traste"*[21]. Im Mittelpunkt steht der Kampf zwischen Gut und Böse, wobei das Gute letzt-
endlich immer siegt. Am Anfang stehen Mängel, Notlagen, Aufgaben, Bedürfnisse oder
andere Schwierigkeiten, die bewältigt werden müssen. Die Handlung ist leicht nachvoll-
ziehbar und wird oft in einem Zweierrhythmus (nach einem Erfolg geraten die Figuren in

---

[15] Lüthi (1990): S. 25
[16] Ebd.
[17] Vgl. Karlinger (1988): S. 2 f.
[18] Ebd., S. 3
[19] Vgl. Lüthi (1990): S. 29
[20] Lüthi (1990): S. 29
[21] Ebd.

eine neue Notlage) oder Dreierrhythmus (z. B. drei Brüder) dargestellt. Reale und irreale Situationen treffen aufeinander. Das Märchen unterscheidet nicht zwischen Wirklichkeit und Fantastik. Die Hauptfiguren befinden sich im Diesseits und werden als Held oder Heldin bezeichnet. Antagonisten, Helfer- oder Jenseitsfiguren stehen immer im Zusammenhang mit dem Helden und können in Tiergestalt auftreten. Eingeleitet wird das Märchen durch eine Eingangsformel (z. B. „Es war einmal...“), beendet durch eine Schlussformel (z. B. „Und wenn sie nicht gestorben sind, leben sie noch heute.“).[22]

Im Gegensatz zu den Volksmärchen werden die Kunstmärchen immer mit namentlich bekannten Autoren (z. B. Hans Christian Andersen oder Wilhelm Hauff) in Verbindung gebracht. Sie gehören der Individualliteratur an und sind bewusste Schöpfungen, die schriftlich festgehalten und früher durch Auswendiglernen überliefert wurden.[23]

Jacob und Wilhelm Grimm waren es, die die literarische Gattung Märchen prägten. Das nächste Kapitel gibt einen kurzen Überblick über ihr Leben und schildert, wie sie die Märchen für sich entdeckten.

---

[22] Vgl. Lüthi (1990): S. 25 ff.
[23] Vgl. Ebd., S. 5

3   Die Brüder Grimm

Jacob (1785-1863) und Wilhelm Grimm (1786-1859) wurden in Hanau geboren und wuchsen in bäuerlichen und kleinbürgerlichen Verhältnissen auf. Ihre Jugend verbrachten sie zusammen mit ihren vier jüngeren Geschwistern, ihrer Mutter Dorothea und ihrem Vater Philipp Wilhelm in Steinau. Als Jacob zwölf und Wilhelm elf Jahre alt war, starb ihr Vater. Die Familie hatte danach mit finanziellen Problemen zu kämpfen.

Bildung spielte in der Familie Grimm immer eine große Rolle. Nach ihrem Abitur in Kassel studierten Jacob und Wilhelm Jura an der Marburger Universität. Der Einfluss ihres Professors Friedrich Carl von Savigny war prägend für die Brüder. Er stellte ihnen wichtige gesellschaftliche Kontakte her und weckte in ihnen das Interesse an Traditionen, Sprachen und Bräuchen der alten Zeit. Außerdem gewährte er ihnen Zugang zu seiner Privatbibliothek. Dort hatten die Brüder *„ihr entscheidendes erstes Erlebnis mit dem Geist der Romantik."*[24] Unter anderem fanden sie dort mittelalterliche Manuskripte[25] und Minnesänge[26]. Savigny war mit einer Schwester des Dichters Clemens Brentano verlobt. Durch diese Verbindung lernten später auch die Brüder Grimm Brentano persönlich kennen.[27]

Im Januar 1805 erhielt Jacob Grimm von Savigny eine Einladung nach Paris. Er sollte ihm an der Universität als wissenschaftlicher Helfer zur Seite stehen. Jacobs Interesse an eigenen Literaturstudien wurde immer größer und auch Wilhelms Interesse wuchs. Bereits im Herbst 1805 beendete Jacob die Arbeit für Savigny und kehrte nach Kassel zurück.[28] Ein entscheidender Grund dafür war auch der Trennungsschmerz zu seinem Bruder. Wilhelm schloss sein Jurastudium in Marburg erfolgreich ab, während Jacob sich immer mehr auf die Literatur und Philologie konzentrierte.

Die Romantiker Brentano und Achim von Arnim strebten einen zweiten und dritten Band ihrer Sammlung „Des Knaben Wunderhorn" an. In Kassel trafen sie die Brüder Grimm und beauftragten sie 1807 Märchen zu sammeln und aus mündlicher Überlieferung aufzuschreiben.[29] Im Oktober 1810 bekam Brentano die Originalmanuskripte der Brüder

---

[24] Gerstner, Herrmann (1973): Brüder Grimm. Reinbeck bei Hamburg, S. 12 f.
[25] Vgl. Kamenetsky, Christa (1992): The Brothers Grimm and their Critics: Folktales and the Quest for Meaning. Athen, S. 9 ff.
[26] Vgl. Gerstner (1973): S. 13
[27] Vgl. Ebd.
[28] Vgl. Ebd., S. 16 f.
[29] Vgl. Ebd., S. 18

Grimm zugeschickt. Da die Brüder befürchteten, diese nie wieder zu bekommen – was dann auch so war – fertigten sie Abschriften an. Sie ermöglichten ihnen das Erstellen einer eigenen Märchensammlung. Gerstner betont:

Im Gegensatz zu ihren Dichterfreunden wollten Jacob und Wilhelm nicht eigene dichterische Werke aus der Überlieferung her gestalten; vielmehr ging es ihnen darum, das, was das Volk sich erzählte, so echt und schlicht wie möglich zu bewahren."[30]

In der Forschung wird angenommen, dass Jacob und Wilhelm ihre Abschriften später selbst vernichteten.[31] Die Originalmanuskripte sind als einzige erhalten geblieben und wurden per Zufall in der Bibliothek des Trappistenklosters in Ölenberg im Elsass gefunden.[32]

Ihr Freund Achim von Arnim vermittelte den Brüdern den Verleger Georg Andreas Reimer. Die ersten Exemplare des ersten Bandes der „Kinder- und Hausmärchen" folgten im Dezember 1812.[33]

Entgegengesetzt den Vorstellungen sind die Brüder Grimm nicht durchs Land gezogen und haben die Märchen ganz zufällig überliefert bekommen. Vor allem junge unverheiratete Frauen aus dem Bürgertum gingen selbst zu Jacob und Wilhelm um ihnen ihre Märchen zu erzählen oder schickten den Brüdern Texte zu.[34] Die hessische Bäuerin Dorothea Viehmann trug entscheidend zu der grimmschen Märchensammlung bei. Sie entstammte einer hugenottischen Familie und hatte in ihrem Gedächtnis über 40 Märchen, die sie exakt wiedergeben konnte.[35] Zum großen Teil waren es französische Märchen, die aber deutliche Einflüsse der Geschichten von Charles Perrault (1628-1703) aufwiesen.[36] Viehmann ist *„die einzige Person, die die Grimms in ihren eigentlichen Märchenbänden je öffentlich nennen."*[37] Auch Dortchen Wild, aus einer Apothekerfamilie,

---

[30] Gerstner (1973): S. 38
[31] Vgl. Rölleke, Heinz (1985): Wo das Wünschen noch geholfen hat. Gesammelte Aufsätze zu den „KHM" der Brüder Grimm, Bonn, S. 75
[32] Vgl. Rölleke, Heinz (1974): Die Urfassung der Grimmschen Märchensammlung von 1810. Eine Rekonstruktion ihres tatsächlichen Bestandes, In: Rainer Gruenter / Arthur Henkel (Hrsg.): Euphorion. Zeitschrift für Literaturgeschichte, 68. Bd., Heidelberg, S. 332
[33] Vgl. Röllecke (1985a): S. 75
[34] Vgl. Röllecke, Heinz (1985b): Märchen der Brüder Grimm. Eine Einführung, München, S. 72
[35] Vgl. Belemann, Claudia (2015): Die Brüder Grimm. 07.01.2015, In: http://www.planet-wissen.de/kultur_medien/literatur/maerchen/portraet_brueder_grimm.jsp (Zugriff am 01.05.2015)
[36] Vgl. Hagen, Rolf (1955): Perraults Märchen und die Brüder Grimm. In: Peuckert / Stammler (Hrsg.), o. O., S. 392 ff.
[37] Weishaupt, Jürgen (1985): Die Märchenbrüder. Jacob und Wilhelm – ihr Leben und Wirken, Kassel, S. 58

beeinflusste die Grimms stark. 1825 heiratete sie Wilhelm.[38] Der größte Teil der Mär-
chenerzähler war weiblich. Es gab jedoch auch einige männliche Gewährsleute, die Einfluss auf die Grimms nahmen. An dieser Stelle ist u. a. Wachmeister Krause zu nennen.

Zwischen 1812 und 1857 veröffentlichten Jacob und Wilhelm insgesamt sieben Auflagen
ihrer Märchensammlung. Die Kinder- und Hausmärchen sind von ihnen gesammelt, auf-
geschrieben und somit auch stark beeinflusst worden. Vor allem Wilhelm war bestrebt
die festgehaltenen Märchen zu überarbeiten und zu verbessern. Zeitgenössische Wert-
vorstellungen beeinflussten ihn in diesem Zusammenhang stark. Er passte die Märchen
den Idealen und Werten der Zeit der Romantik und des Biedermeier an. Die Themen
Ordnung, Fleiß, Bescheidenheit, Häuslichkeit und Reinlichkeit stellte Wilhelm in den Vordergrund. 45 Jahre verbrachte er mit der Überarbeitung bis zur „Ausgabe letzter Hand"
von 1857. Er nahm stilistische und ideologische Veränderungen vor. Er fügte Redewen-
dungen hinzu, ersetzte indirekte durch direkte Rede, schmückte Passagen aus und fügte
neue hinzu. Die Märchen wurden größtenteils um – aber auch neu geschrieben. Mit seinen Überarbeitungen gab Wilhelm den Märchen einen bestimmten Ton und Stil. *„Diese
Stilform hat die Grimmschen Märchen literaturfähig gemacht, so daß [sic!] wir heute ge-
radezu von einem Grimmschen Märchenstil reden können"*[39], hebt Schoof hervor.

Walt Disney verarbeitete in seinem ersten abendfüllenden Zeichentrickfilm das Märchen „Schneewittchen" der Brüder Grimm. Das nächste Kapitel beschäftigt sich mit seinem Leben und der Entstehung der Walt Disney Company.

---

[38] Vgl. Gerstner (1973): S. 39
[39] Schoof, Wilhelm (1955): Stilentwicklung der Grimmschen Märchen. In: Will-Erich Peuckert / Wolfgang
Stammler (Hrsg.): Zeitschrift für deutsche Philologie. 74. Bd., München, S. 428

4 Walt Disney und die Disney Company

Mit dem bürgerlichen Namen Walter Elias Disney wurde „Walt Disney" am 5. Dezember 1901 in Chicago (USA) geboren. Sein Vater Elias war irisch-kanadischer, seine Mutter Flora deutsch-amerikanischer Abstammung. Walt hatte noch drei ältere Brüder Herbert, Raymond und Roy, sowie eine jüngere Schwester namens Ruth. Zu Roy hatte er die engste Beziehung, da er ihm auch altersmäßig am nächsten stand. Aus finanziellen Gründen musste die Familie oft umziehen. In Marceline (Missouri), wo die Eltern eine Obstplantage züchteten, zeigten sich zum ersten Mal Walts Zeichenkünste. Von seiner Tante Maggie bekam er einen Zeichenblock geschenkt. Auf ihm kopierte Walt Karikaturen aus Zeitungen und verkaufte seine erste Zeichnung an einen Landarzt für fünf Cent.[40]

Nach einem erneuten Umzug nach Kansas City begann für Walt im Alter von neun Jahren eine harte Zeit. Roy und er arbeiteten als Zeitungsjungen um die Familie finanziell zu unterstützen. Ihre Schicht begann morgens um halb vier. Freizeit blieb ihnen kaum. Von seinem verdienten Geld durfte Walt nichts behalten, weswegen er sich heimlich immer wieder neue Nebenjobs suchte. Da er sich weiterhin für das Zeichnen begeisterte, schrieb er sich 1916 für Kunstkurse am „Cansas City Art Institute" ein. Unter dem Namen „The Two Walts" begann Walt ab 1914 gemeinsam mit seinem Schulkameraden Walt Pfeifer gelegentlich als Amateurkabarettist aufzutreten.[41]

Im Herbst 1918 scheiterte sein Versuch sich beim Militär anzumelden, da er mit 16 Jahren noch zu jung dafür war. Ersatzweise ging er zum amerikanischen Roten Kreuz und wurde dann auch nach Frankreich versetzt. Die High School schloss er 1919 ab und arbeitete in Kansas als Zeichner in einem Werbestudio. Dort lernte er den Zeichner Ub Iwerks kennen. Mit ihm produzierte er seinen ersten Zeichentrickfilm, einen Werbekurzfilm. Mit seinem Bruder Roy machte sich Walt später selbstständig. Iwerks stellte er als Art-Director ein. Zusammen erstellten sie kommerzielle Kurzcartoons, die „Laugh-O-Grams" und später auch eine siebenteilige Märchenreihe.[42] Der Erfolg blieb jedoch aus und die Produktion musste aus finanziellen Gründen eingestellt werden. 1912 ging Walt nach Hollywood um dort weitere Studien zu unternehmen.[43]

---

[40] Vgl. Reitberger, Reinhold (1979): Walt Disney. Reinbeck bei Hamburg, S. 14 ff.
[41] Vgl. Ebd., S. 18 f.
[42] Vgl. Ebd., S. 22 ff.
[43] Vgl. Ebd., S. 23 ff.

Früh erkannte er, dass den Tieren in Zeichentrickfilmen menschliche Züge fehlten. Er wollte sie so menschlich wie möglich darstellen, damit sich das Publikum mit ihnen identifizieren kann. Bei Investoren stieß seine Idee allerdings auf Ablehnung. Nach langem Suchen konnte Walt schließlich einen Geldgeber in Kalifornien von seiner Idee überzeugen. Die erste Disney-Produktion „Oswald der lustige Hase" feierte schon bald einen großen Erfolg. Walt schütze den Film allerdings nicht durch Kopierrechte und somit ging ein großer Teil des Geldes verloren. Das Geld reichte aber für die Gründung der „Disney Company" zusammen mit Roy. Am 16. Oktober 1923 unterschrieben sie ihren ersten Vertrag. Die Firma vergrößerte sich ab diesem Zeitpunkt stetig.[44]

1925 heiratete Walt Lillian Bounds, die in seiner Firma als Zeichnerin arbeitete. Sie bekamen zwei Töchter: Diane Marie und Sharon Mae.[45]

Als Walt eines Tages im Zug nach Hollywood saß, kam ihm die Idee der Maus. Ursprünglich hatte er für sie den Namen „Mortimer Mouse" angedacht. Der Vorschlag seiner Frau, „Mickey Mouse", gefiel ihm aber besser. Walt versuchte sich an Zeichnungen Mickeys übergab dann aber die Arbeit an Iwerks. Das war der Beginn einer langen und erfolgreichen Karriere. Mit dem dritten Mickey-Mouse Film „Steamboat Willie" im Jahre 1928 brach Walt eine neue Ära des Zeichentrickfilms an, denn der Film war mit Ton unterlegt. Schon bald darauf folgten Mickeys Gefährten Donald Duck, Pluto und Goofy.[46]

Der Erfolg des Mickey-Mouse Films ermöglichte Walt sich einen alten Traum zu verwirklichen. Endlich konnte einen ersten abendfüllenden Zeichentrickfilm mit „Schneewittchen und die sieben Zwerge" auf die Kinoleinwand bringen. Als erster Zeichentrickfilm überhaupt wurde er 1937 mit einem Oscar ausgezeichnet. In den 1940 Jahren folgten die Klassiker „Pinocchio", „Bambi" und „Fantasia".[47]

Walt zeichnete nach eigenen Angaben nach 1926 an keinem Film mehr mit. Auch die bekannte Disney-Unterschrift gleicht nicht seiner echten. Sie wurde ebenfalls von einem Zeichner entwickelt.[48]

Im März 1934 kehrten nach einem langen Streik viele gute Zeichner Walt den Rücken zu. Sie kritisierten u. a. die unmenschlichen Arbeitsbedingungen. Wirtschaftlich befand

---

[44] Vgl. Reitberger (1979): S. 34 ff.
[45] Vgl. Ebd., S. 36 ff.
[46] Vgl. Finch, Christopher (2011): The Art of Walt Disney: From Mickey Mouse to the Magic Kingdoms and Beyond. New York, S. 37
[47] Vgl. Reitberger (1979): S. 67 ff.
[48] Vgl. Ebd., S. 9

sich das Unternehmen danach auf keinem guten Stand. Mehrere Musikfilme sowie Mischfilme aus Trick- und Realfilm folgten. Der große Erfolg blieb zwar aus, aber nach einiger Zeit hatte das Unternehmen dadurch wieder die finanziellen Mittel um einen weiteren abendfüllenden Zeichentrickfilm zu produzieren. So entstand 1950 der Disney Klassiker „Cinderella".[49]

Walt entdeckte bald danach das Fernsehen für sich und moderierte seine eigene Fernsehshow. Dadurch war er überall als der „Märchenonkel" bekannt.[50]

Parallel dazu konzentrierte er sich auf sein großes Bauwerk. „Disneyland" und später „Disney World" sollten entstehen. Walt steckte sein ganzes Herzblut in die Umsetzung des Freizeitparks und zog sich aus den Filmen immer mehr zurück.[51]

1966 war „Das Dschungelbuch" der letzte Film, an dem Walt noch persönlich mitwirkte. Im selben Jahr starb er am 15. Dezember an Lungenkrebs.[52]

Sein Bruder Roy erfüllte Walts letzten Wunsch und stellte „Disney World" fertig. Im Oktober 1971 fand die Eröffnung zum geplanten Zeitpunkt statt.[53]

Von dem Namen, den sich Walt Disney zu seinen Lebzeiten gemacht hat, profitiert die Walt Disney Company noch heute. Das Publikum hat bestimmte Erwartungen an die Filme. Bis heute konnten diese immer erfüllt werden. Disney ist etwas Einzigartiges, das so schnell nicht in Vergessenheit geraten wird.

Was die Produktionen Disneys so besonders machen wird im 6. Kapitel erläutert.

Da der Fokus dieser Arbeit auf dem Vergleich zweier unterschiedlicher Medienarten liegt, beschäftigt sich das folgende Kapitel mit der Problematik der Verfilmung eines Märchens.

---

[49] Vgl. Finch (2011): S. 202 ff.
[50] Vgl. Reitberger (1979): S. 8
[51] Vgl. Ebd., S. 7
[52] Vgl. Ebd., S. 132 f.
[53] Vgl. Ebd., S. 122 ff.

5   Märchen und Film – Wort und Bild

Charlotte Bühler bezeichnet das Märchen als *„typische Anschauungsliteratur"*[54]. Es greift auf optisch erfassbare und klar ausgeprägte Erscheinungen zurück. Seine Sprache ist durch ein hohes Maß an Bildhaftigkeit gekennzeichnet.[55] *„Eigenschaften drücken sich in äußerlichen Merkmalen, Motivationen in Handlungen aus, Werte werden personifiziert, Innenwelt in Außenwelt übersetzt."*[56] Max Lüthi erklärt: *„Das Märchen transportiert seelische und geistige Vorgänge ebenso wie Schicksalsabläufe ins optisch klar Sichtbare."*[57] Im übertragenen Sinne wird das Märchen bildhaft durch die symbolische Erzählung.[58] Dem Märchen ist alles Abstrakte fremd, das nicht visualisierbar wäre.

Aufgrund seiner hohen Bildhaftigkeit müsste sich das Märchen eigentlich gut visualisieren lassen. Ein Problem ist aber, dass ihm ausschweifende Beschreibungen fremd sind. *„Montageähnliche Verschachtelungen, die eine stilistische oder narrative Nähe zum Film erkennen ließen"*[59], kennt das Märchen ebenfalls nicht. Figuren und Dinge werden nicht ausführlich beschrieben, sondern nur kurz und knapp benannt. Eine optische Gestaltung ist daher schwierig, da das Märchen dafür keine Anhaltspunkte liefert.[60] Seine Anschaulichkeit und zugleich Abstraktheit lässt Lüthi zu der Ansicht kommen, dass das Märchen trotz seiner hohen Bildhaftigkeit *„eingefangen ins Wort"*[61] ist. Er fügt hinzu: *„Kein tastendes Ausmalen gibt uns das Gefühl, daß [sic!] nicht alles erfaßt [sic!] sei."*[62] Genau das macht das Märchen zeitlos, universal und absolut.[63] Diese Eigenschaften verlieren sich jedoch im Film, denn dort werden konkrete Bilder vorgegeben. Genau das wird von Kurt Schmidt als Dilemma des Märchens bezeichnet: *„Märchen ist Sehnsucht nach Verbildlichung, nach Verkörperlichung, stirbt aber sofort mit ihrer Erfüllung oder lächelt unsterblich über deren Unzulänglichkeit und Unmöglichkeit."*[64] Der Filmschaffende setzt die Handlung auf seine Art und Weise um. Ein und dasselbe Märchen kann als Romanze

---

[54] Bühler, Charlotte (1918): Das Märchen und die Phantasie des Kindes. In: Hildegard Hetzer (Hrsg): Das Märchen und die Phantasie des Kindes. München, S. 68
[55] Vgl. Liptay (2004): S. 25
[56] Ebd., S. 25
[57] Lüthi, Max (1976): So leben sie noch heute. Betrachtungen zum Volksmärchen, Göttingen, S. 19
[58] Vgl. Liptay (2004): S. 25
[59] Ebd., S. 32
[60] Ebd.
[61] Lüthi (1978): S. 26
[62] Ebd.
[63] Vgl. Liptay (2004): S. 32
[64] Schmidt, Kurt (1936): Märchen, Sage und Legende im Unterricht. In: Zeitschrift für deutsche Bildung, o. O., S. 2

oder Abenteuer verfilmt werden. Eine Märchenverfilmung ist immer eine individuelle Interpretation der Originalvorlage. Die eigentliche Geschichte kann durch Hinzufügen von
Parallelhandlungen und Charakteren verändert werden. Ein eigener Interpretationsraum
ist nicht vorhanden. Dies kritisieren viele Pädagogen und Philologen. Sie unterstellen
dem Film, dass er das Märchen mit Klischees *„vergewaltigt"*[65]. Konsumenten werden
fertige Bilder präsentiert. Karlinger ist sogar der Meinung, sie werden ihm *„diktiert"*.[66]

Die Visualisierung verdrängt die eigene Vorstellungskraft. *„Werden die inneren Bilder
konkret und vollständig umgesetzt in äußere, so geht scheinbar das Wertvollste verloren,
das uns die Märchen anbieten, nämlich die Möglichkeit und die Kraft, selbst schöpferisch
tätig zu werden"*[67], erläutert Koch. Ortrud Stumpfe warnt ebenfalls vor dem Verlust der
inneren Bilder:

> *„Die Symbolfiguren des Märchens dürfen, wenn sie heilend und stärkend wirken sollen, nicht in
> die zufällige Fixierung einer Filmlarve oder den Miniatur-Zerrspiegel des Fernsehschirms
> geraten. Es geht hier um den Schutz der seelisch-geistigen Grundsubstanz der
> heranwachsenden Menschen [...] Das Märchenbild muß [sic!] Innenbild bleiben."*[68]

An dieser Stelle muss darauf hingewiesen werden, dass die eigene Phantasieleistung
des Zuschauers nicht außer Acht gelassen werden darf. Es liegt in seiner Macht hinter
den Bildern „mehr" zu sehen. Im Film entstehen Leerstellen durch Zeitsprünge oder
Schnitte. Diese gilt es selbstständig aufzufüllen. Die persönliche Bilderwelt des Menschen ergänzt und verbindet sich mit der des Films, erklärt Liptay.[69] Bruns betont, dass
das Märchen mehr als andere literarische Vorlagen in der Verfilmung auf die eigene
Phantasie des Rezipienten angewiesen ist.[70] Karlinger vertritt die Ansicht, dass das Publikum eines Märchenfilms keine eigene Phantasie und Faszinationsbereitschaft besitzt.[71]

---

[65] Knoch, Linde (2000): Märchen und Medien. In: Märchen-Stiftung Walter Kahn (Hrsg.): Märchenspiegel.
Zeitschrift für internationale Märchenforschung und Märchenpflege, Volkach, S. 10
[66] Vgl. Karlinger, Felix (1983): Grundzüge einer Geschichte des Märchens im deutschen Sprachraum.
Darmstadt, S. 140.
[67] Knoch, Linde (2000): S. 10
[68] Stumpfe, Ortrud (1965): Die Symbolsprache der Märchen. 7., verbesserte und erweiterte Auflage, Münster: Aschendorff, S. 23
[69] Vgl. Liptay (2004): S. 37
[70] Bruns, Brigitte (1980): Märchen in den Medien. Bestandsaufnahme – Kritik – Alternativen, In: Zeitschrift
für Pädagogik, S. 342
[71]71 Vgl. Karlinger (1983): S. 140

Bausinger hebt hervor, dass die Verfilmung von Märchen einen hohen Stellenwert hat, denn: „*Kulturelle Güter können nur überdauern, wo sie veränderten Verhältnissen angepaßt [sic!] werden.*"[72] Die Märchenthemen sind überzeitlich. Durch immer neue Überarbeitungen können sie der Gegenwart angepasst werden. Der Film ist in der Lage Veränderungen sichtbar zu machen und Inhalte neu aufzubereiten.[73] Liptays ist der Ansicht, „*eine Volkserzählung bleibt nur dann lebendig, wenn sie aktuell und zeitlos ist.*"[74]

Im nächsten Kapitel wird das Thema Märchen im Film aufgegriffen. Typische Merkmale eines Disney Films werden beschrieben. Es wird aufgezeigt, inwieweit die Märchenvorlagen der Brüder Grimm durch den Disney-Konzern beeinflusst wurden und welchen Veränderungen sie sich unterziehen mussten.

---

[72] Bausinger, Hermann (1996): Kontinuität. In: Rolf Wilhelm Brednich (Hrsg.) Enzyklopädie des Märchens. Handwörterbuch zur historischen und vergleichenden Erzählforschung, 8. Bd., Berlin / New York: de Gruyter, S. 237

[73] Vgl. Liptay (2004): S. 44 f.

[74] Liptay (2004): S. 87

6   Das „Classic Disney Modell"

Die amerikanische Kommunikationswissenschaftlerin Janet Wasko veröffentlichte 2001 ihr Buch „Understanding Disney", in welchem sie das „Classic Disney Modell" beschreibt. Laut Wasko gibt es eine bestimmte Formel, die „Disney Formula", auf der alle Disney Filme basieren. Walt Disney selbst entwickelte diese Formel, die noch heute ohne große Abweichungen eingehalten wird. Alle klassischen Disney Filme sind von bestimmten thematischen, ästhetischen und stilistischen Charakteristika geprägt, die im Allgemeinen mit Disney identifiziert werden.

Folgende Charakteristika sind laut Wasko in typischen Disney Filmen wiederzufinden[75]:

- eine vorhersehbare Geschichte, die eine Märchen-Ideologie wiederspiegelt und bestimmte Werte vermittelt

- leichte Unterhaltung

- Komik

- Musik

- niedliche vermenschlichte Tierfiguren

- niedliche und kindliche Hauptfiguren mit klaren Zielen

- happy endings

Die klassische „Disney Story" legt den Schwerpunkt auf eine Liebesgeschichte. Individuen werden in den Vordergrund gestellt. Protagonisten handeln aus klaren Gründen und Ursachen. Stets haben sie ein klares Ziel vor Augen. Um dieses zu erreichen, müssen sie Probleme und Hindernisse überwinden und gegen Antagonisten kämpfen. Begleitet wird die Handlung von Musik. Die Lieder markieren die wichtigsten Punkte der Geschichte, die sich häufig in ländlichen Idyllen abspielen.[76]

Die klassischen Disney Charaktere sind durch vorhersehbare Erscheinungsbilder, Charaktereigenschaften und Handlungsmuster geprägt. Der Held, ob männlich oder weiblich, ist für gewöhnlich hübsch, kommt aus der Oberschicht oder ist aristokratischer Herkunft. Er verkörpert immer das Gute. Ihm gegenüber steht in jeder Geschichte ein

---

[75] Vgl. Wasko, Janet (2001): Understanding Disney. The Manufacture of Fantasy, Cambridge UK, S. 114 ff.

[76] Ebd., S. 113 ff.

Bösewicht. Dieser wird meist mit übertriebener Mimik dargestellt, ist hässlich, sehr dick oder extrem dünn.[77] Humorvolle Nebencharaktere dienen der Unterhaltung. Sie sind stets auf der Seite des Helden und stehen ihm nützlich zur Seite. Weibliche Hauptcharaktere sind in der Regel attraktiv, treuherzig, häuslich, naiv, leidend und gehorsam. Eine Mutter des Helden wird häufig nicht dargestellt.[78]

Zu den klassischen Disney Themen und Werten gehört die Unschuld.[79] Disney stellt eine realitätsferne Welt ohne Kummer und Sorgen dar. Sie ist nicht nur für Kinder, sondern auch für Erwachsene gemacht. Walt erklärt dazu: „ *I do not make films primarily for children. Call the child innocence. The worst of us is not without innocence, although buried deeply it might be. In my work, I try to reach and speak to that innocence.*' "[80] Der Zuschauer begleitet den Disney Held auf seinem Weg zum Erwachsenwerden. Hahn merkt dazu an:

> „Have you ever noticed how many heroes come from nontraditional families? Belle, Jasmine, Pocahontas, and Ariel have no mother. Snow White, Dumbo, and Cinderella have no father. Aurora in Sleeping Beauty is separated from her parents. Mowgli, Aladdin, Quasimodo, and the Beast have no parents at all. Part of the subtext of a fairy tale is the journey from childhood and being dependent on parents to adulthood and relying on yourself."[81]

Romantik und Glück sind weitere Themen, die Disney gerne in seinen Filmen verarbeitet. In der Regel ist es die Liebe auf den ersten Blick. Um glücklich zu werden, muss der Held aber zunächst Probleme und Hindernisse bewältigen. Am Ende wird immer alles gut.[82] Der Triumph von Gut über Böse wird in jedem Disney Film thematisiert. Dabei ist von Anfang an klar wer der guten und wer der bösen Seite angehört.[83] Gern werden ebenfalls die Themen Individualismus und Optimismus behandelt. Unverkennbar verkörpert Disney mit seinen Geschichten und Charakteren das amerikanische Idealbild.[84] Ferner werden Flucht, Phantasie und Magie thematisiert. Disneys Hauptfiguren wollen aus ihrer Ausgangssituation fliehen. Eine Fee oder eine andere magische Erscheinung helfen bei der Erfüllung eines Wunsches.[85]

---

[77] Vgl. Wasko (2001): S. 115
[78] Vgl. Ebd., S. 116
[79] Vgl. Ebd., S. 118
[80] Eliot, Marc (1994): Walt Disney: Hollywood's Dark Prince: a Biography. New York, S. 72
[81] Hahn, Don (2000): Animation Magic, New York, S.20
[82] Vgl. Wasko (2001): S. 118
[83] Ebd., S. 119
[84] Vgl. Ebd., S. 117
[85] Vgl. Ebd.

An dieser Stelle muss betont werden, dass nicht alle Disney Filme alle Merkmale auf-weisen müssen und die Themen nicht nur für Disney Filme spezifisch sind.

Meist dienen Volksmärchen und Kinderliteratur als Grundlage für einen Disney Film. Die Originalvorlage passt Disney aber an seine Werte und Vorstellungen an. Dieser Prozess wird als „Disneyfizierung" bezeichnet und beinhaltet die Amerikanisierung und Verharm-losung des vorliegenden Stoffes. Die Disney Versionen mancher Geschichten sind vor allem in den USA meist besser bekannt als das Original.[86] Disney überarbeitet und ver-einfacht die Originalthemen. Die Charaktere sowie der kulturelle und geographische Hin-tergrund werden verändert. Es entstehen ein-dimensionale stereotypische Charaktere, die den Disney Werten entsprechen. Sie verkörpern amerikanische Ideale, die internati-onal als Vorbilder gelten, weil sie auf sämtliche Länder übertragbar sind. Der Fokus wird vor allem auf Sauberkeit, Kontrolle und eine organisierte Industrie gelegt, weil das die Vorstellung der Firma reflektiert.[87]

6.1   Disneyfizierung von Schneewittchen

Der amerikanische Literaturwissenschaftler Jack Zipes befasst sich in seinem Buch „Fairy Tale as Myth/Myth as Fairy Tale" aus dem Jahre 1995 ebenfalls mit den Merkma-len Disneys und seinen Adaptionen von Originalvorlagen. Folgende Beobachtungen führt er dort auf:

Disney stellt Schneewittchen mit kindlichen Zügen dar. Sie ist ein Waisenkind, denn ihre leiblichen Eltern werden nicht erwähnt. Gleich zu Beginn wird Schneewittchen wie Aschenputtel dargestellt. In Lumpen gekleidet sitzt sie putzend auf der Schlosstreppe. Der Prinz erscheint auf einem weißen Pferd und singt gemeinsam mit Schneewittchen ein Liebeslied. Die Königin beobachtet sie dabei. Sie ist nicht nur eifersüchtig, weil Schneewittchen sie mit ihrer Schönheit übertrifft, sondern auch, weil Schneewittchen ei-nen attraktiven Verehrer hat. Ihr Schönheitswahn ist so groß, dass sie das Mädchen umbringen will. Der Wald und die Tiere sind vermenschlicht. Die niedlichen Tiercharak-tere freunden sich mit Schneewittchen an und beschützen sie. Fleißig arbeiten die Zwerge jeden Tag in der Miene. Sie sind reiche Bergarbeiter. Jeder von ihnen hat einen eigenen Namen: Chef, Schlafmütze, Happy, Hatschi, Brummbär, Pimpl und Seppl. Je-dem sind individuelle menschliche Eigenschaften zugewiesen, die bis ins kleinste Detail ausgearbeitet sind. Auch sie haben kindliche Züge. Die unterhaltsamen und humorvollen

---

[86] Vgl. Wasko (2001): S. 113
[87] Vgl. Ebd., S. 113 ff.

Nebenfiguren sind die Hauptattraktion des Films und werden daher auch im Titel „Schneewittchen und die sieben Zwerge" erwähnt. Die Königin versucht nur einmal Schneewittchen zu töten. Sie vergiftet einen Apfel und verwandelt sich in eine Hexe. Als sie von den Zwergen verfolgt wird, wird sie von einem Blitz getötet und fällt eine tiefe Schlucht hinunter. Schneewittchen kehrt zum Leben zurück als der Prinz ihr einen Kuss auf die Lippen gibt. Sein Kuss voller Liebe ist das einzige Gegenmittel zu dem Gift der Königin. Zahlreiche Musikalische Einlagen unterstreichen die Handlung.[88]

In der grimmschen Version wird zu Beginn der Tod Schneewittchens Mutter erwähnt. Sie ist kein Waisenkind. Ihr Vater ist am Leben, denn er heiratet ein Jahr nach dem Tod der Mutter eine neue Frau. Schneewittchen muss die Schlosstreppe nicht putzen oder anderweitige bürgerliche Arbeiten verrichten. Der Prinz spielt kaum eine Rolle. Erst am Schluss wird er erwähnt. Die Eifersucht der Königin liegt nur in der Schönheit Schnee- wittchens begründet. Schneewittchen freundet sich nicht mit Tieren an und wird von ihnen auch nicht beschützt. Die Zwerge spielen keine große Rolle und sind anonym. Sie haben keine Namen und keine bestimmten Eigenschaften. Die Königin unternimmt drei Anläufe um Schneewittchen zu töten. Zuerst versucht sie es mit einem Schnürriemen, dann mit einem vergifteten Kamm und zuletzt mit dem vergifteten Apfel. Königliche Ge- hilfen stolpern beim Tragen des Glassarges. Dadurch fällt der vergiftete Apfelgrütz aus Schneewittchens Rachen und sie erwacht. Das Märchen endet mit keinem Happy End, sondern mit der harten Strafe für die Königin. In glühenden Pantoffeln muss sie auf der Hochzeit Schneewittchens tanzen.[89]

Disney legt den Fokus besonders auf die Themen Fleiß, Sauberkeit und harte Arbeit, Liebe und Happy End. Das hat zur Folge, dass die Grundaussage der grimmschen Vor- lage zwar nicht verändert wird, jedoch eine komplett neue Version entsteht. Disney schmückt das Volksmärchen vollkommen aus und passt es an seine Ideale an. Disneys Version von „Schneewittchen" ist im Gegensatz zum Märchen der Brüder Grimm eine harmlose.

6.2 Disneyfizierung von Dornröschen

In der Disney Verfilmung wird Dornröschen genau wie Schneewittchen niedlich und mit kindlichen Zügen dargestellt. Bereits als Baby wird sie von ihren Eltern getrennt, da ein Fluch der bösen Fee Malefiz auf ihr liegt, weil diese nicht zur Feier der Geburt eingeladen

---

[88] Vgl. Zipes, Jack (1993): Fairy Tale as Myth/Myth as Fairy Tale. Kentucky, S. 87 ff.
[89] Vgl. Ebd.

wurde. Der Schutz des Kindes steht im Vordergrund um dem Fluch zu entfliehen. Von den drei Feen wird die Prinzessin daher in einer Waldhütte aufgezogen. Im Wald trifft sie auf einen Prinzen. Die beiden verlieben sich sofort ineinander und singen gemeinsam ein Liebeslied. Die drei Feen Flora, Fauna und Sonnenschein sind unterhaltsame und lustige Nebencharaktere. Sie besitzen individuelle Eigenschaften und magische Kräfte. Die Fee Malefiz verkörpert das Böse. Sie wird extrem dünn und hässlich dargestellt. Die Tiere sind niedlich und vermenschlicht. Sie begleiten Aurora durch den Wald und hören ihr zu. Sie sind es auch, die die Begegnung von ihr und dem Prinzen einleiten. Malefiz hypnotisiert Aurora und lockt sie mit Hilfe ihrer magischen Kräfte zu der Spindel. Der Prinz kämpft für seine Liebe gegen Malefiz und liefert sich sogar einen Kampf mit ihr in Gestalt eines riesigen Drachens. Zahlreiche musikalische Einlagen begleiten die Handlung.

Im Märchen der Brüder Grimm wird Dornröschen nicht von ihren Eltern getrennt und wohnt gemeinsam mit ihnen im Schloss. Es sind weise Frauen, die zum Fest der Geburt eingeladen werden, keine Feen. Auch das Böse wird nicht durch ein magisches Wesen sondern durch die 13. Weise Frau verkörpert. Tiere, die Dornröschen zuhören und helfen gibt es nicht. Dornröschen wandert durch das Schloss bis sie zu einem Turm gelangt, in dem eine alte Frau an einer Spindel sitzt. Keine magischen Kräfte nehmen auf sie Einfluss. Der Prinz erscheint erst am Ende des Märchens. Er liefert sich keinen dramatischen Kampf mit dem Bösen. Das einzige Hindernis, die Dornenhecke, löst sich von selbst auf.

Disney legt besonders Wert auf das Thema Liebe und Happy End. Auch diese Märchenvorlage wurde komplett an Werte und Vorstellungen Disneys angepasst. Die Liebesgeschichte zwischen Aurora und ihrem Prinz bildet den Handlungsschwerpunkt. Bei Grimm spielt die Liebe hingegen nur eine kleine Rolle. Der Kampf um die Liebe und das Glück wird von Disney hingegen äußerst dramatisch und verkitscht dargestellt. Disney baut auf den Hauptaussagen des Märchens „Dornröschen" der Brüder Grimm auf, schmückt die Handlung aber sehr stark aus und arbeitet die Charaktere bis ins kleinste Detail aus.

Da sich dieses Kapitel mit den typischen Elementen eines Disney Films beschäftigt hat, wird im Folgenden auf die Stilmerkmale des Märchens eingegangen, um in einer anschließenden Analyse aufzeigen zu können, welche Merkmale Disney wie aufgegriffen oder verändert hat.

7   Stilmerkmale des Märchens nach Lüthi

Der Schweizer Literaturwissenschaftler Max Lüthi gehört zu den bekanntesten Märchen-
forschern des 20. Jahrhunderts. In seinem Buch „Das europäische Volksmärchen" fasst
er die Stilmerkmale des Idealtyps eines Volksmärchens zusammen. Diese teilt er ein in
die fünf Kategorien Eindimensionalität, Flächenhaftigkeit, abstrakter Stil, Isolation und
Allverbundenheit und Sublimation und Welthaltigkeit.

7.1   Die Eindimensionalität

*„Die Menschen des Märchens, Helden wie Unhelden, verkehren mit diesen Jenseitigen, als ob
sie ihresgleichen wären. Ruhig und unerschüttet nehmen sie ihre Gaben in Empfang oder
schieben sie beiseite, lassen sich von ihnen helfen oder kämpfen mit ihnen, und dann gehen sie
ihren Weg weiter. Ihnen fehlt das Erlebnis des Abstandes zwischen sich und jenen andern
Wesen."[90]*

Lüthis Aspekt der Eindimensionalität beinhaltet, dass dem Märchen sowohl die diesseitige, profane als auch die jenseitige, numinose Welt bekannt ist. Die wirkliche und un-
wirkliche Welt gehen jedoch nahtlos ineinander über. Der Märchenheld, meist ein
Mensch, verkörpert das Diesseits. Im Laufe der Handlung begegnet er Feen, Hexen,
Trollen, Riesen, Fabeltieren, bösen und guten Zauberern, weisen Frauen, Zwergen und
Drachen. Diese verkörpern die jenseitige Welt. Das Natürliche agiert ganz selbstver-
ständlich mit dem Übernatürlichen. Ohne jegliche Verwunderung tritt der Märchenheld
den Zauberwesen gegenüber. Sie sind für ihn ganz selbstverständlich und fungieren als
Helfer, Wegweiser oder Gegner. Der Held fürchtet sich nicht vor ihnen oder vor dem
Unheimlichen, sehr wohl aber vor weltlichen Gefahren.

Über Gaben von Jenseitigen wundert sich der Märchenheld nicht. In Notsituationen weiß
er wie sie richtig anzuwenden sind. Vorher ausprobieren muss er sie nicht.

Das Verhalten der Figuren hebt die strikte Trennung zwischen den beiden Dimensionen
auf: *„Das Wunderbare ist dem Märchen nicht fragwürdiger als das Alltägliche."[91]* Genau
dieser Aspekt macht für Lüthi die Eindimensionalität des Märchens aus. Mit seiner emo-
tionalen Unberührtheit der Märchenfiguren in wunderbaren Situationen schafft sie eine
direkte Verbindung zu der Flächenhaftigkeit.[92]

---

[90] Lüthi (1978): S. 9
[91] Ebd., S. 11
[92] Vgl. Ebd., S. 8 ff.

7.2 Die Flächenhaftigkeit

„Im Märchen ist alles zur Fläche und Oberfläche geworden: Seine Gestalten sind keine Menschen, bloß dekorative Möglichkeiten zu marionettenhaften Gebärden."[93] Diese Ansicht des ungarischen Schriftstellers Béla Balázs deckt sich mit den Forschungsergebnissen Lüthis.

Den Figuren im Märchen fehlt eine *„körperliche und seelische Tiefe"*[94]. Ihre lebendige Innenwelt bleibt uns vorenthalten. Ihre Darstellung ist nur oberflächig. Besondere Kunstfertigkeiten oder physische Kräfte werden genannt, jedoch keine Charakter- oder Körpereigenschaften. Das ganze Sein der Märchenhelden wird durch äußere Einflüsse und Geschehnisse bestimmt bzw. beeinflusst. Seine Reise beginnt nicht durch eigenen Antrieb, sondern weil er eine Aufgabe zu erledigen hat, Schwierigkeiten entkommen muss etc. Emotionen werden nur genannt, wenn die Handlung durch Gefühle beeinflusst wird und Reaktionen des Helden den Kontakt mit helfenden Zauberwesen herbeiführen. Sie dienen keineswegs der Erzeugung von Atmosphäre. Tränen sind beispielsweise ein häufiges Element. Der Märchenheld drückt mit ihnen seine Hilfsbedürftigkeit aus und eine jenseitige Figur erscheint zur Rettung. Eigenschaften und Gefühle werden durch Handlungen ausgedrückt und befinden sich dadurch auf einer Ebene.

Auch die Umwelt des Helden wird nur knapp oder gar nicht aufgezeigt. Das Märchen zeigt uns den Helden meist in dem Augenblick, in dem er sein Dorf oder seine Stadt verlässt. Seine Heimat wird nicht beschrieben.

Es herrscht ein besonderer Zustand der Zeit, da diese nie zu vergehen scheint. Die Figuren machen äußerlich keinen Alterungsprozess durch.

„Das Märchen verzichtet auf räumliche, zeitliche, geistige und seelische Tiefengliederung. Es verzaubert das Ineinander und Nacheinander in ein Nebeneinander. Mit bewundernswerter Konsequenz projiziert es die Inhalte der verschiedensten Bereiche auf ein und dieselbe Fläche."[95]

Das Märchen denkt nicht an Raum und Zeit, Emotionen und die Unterscheidung zwischen zwei Dimensionen. Es schildert die Dinge nicht, es nennt sie nur. Genau das macht für Lüthi die Flächenhaftigkeit aus.[96]

---

[93] Balázs, Béla (2001): Der sichtbare Mensch. Oder die Kultur des Films, Frankfurt am Main, S. 137 f.
[94] Lüthi (1978): S. 14 [Hervorh. d. A.]
[95] Ebd., S. 23
[96] Vgl. Ebd., S. 13 ff.

7.3 Der abstrakte Stil

Beim Merkmal der Flächenhaftigkeit wurde bereits erwähnt, dass das Märchen Dinge nur nennt, nicht schildert. Individuen kommen nicht vor, sondern immer Vertreter eines bestimmten Typs (z. B. die hässliche Alte, der König, das schöne Mädchen). Figuren, Gegenstände und Umgebungen sind durch starre Konturen und bestimmte Farbgebungen gekennzeichnet. Daher begegnet man im Märchen auch immer wieder metallischen, mineralischen oder anderen formstarren Materialien, die den Figuren und Dingen ebenfalls eine scharfe Umrisslinie geben. *„Selbst die zum Tode Verurteilten, die von Pferden auseinandergerissen werden, werden nicht blutig zerrissen und zerfetzt, sondern haarscharf mittenentzwei getrennt [...] Wir sehen die symmetrisch und linienscharf getrennten Hälften, denen kein Blut entfließt und die nichts von ihrer Formbestimmtheit verlieren“*[97], betont Lüthi.

Wie die Personen und Utensilien ist auch die Handlungslinie im Märchen von starken abstrakten Konturen umgeben.

Wiederholungen, Rituale, starre Formeln (Einzahl, Zweizahl, Dreizahl, Siebenzahl und Zwölfzahl), Verbote, Bedingungen, Extremes und Wunder und die Eingangs- und Schlussformeln („Es war einmal...“ / „Und wenn sie nicht gestorben sind, leben sie noch heute“) sind als weitere Merkmale aufzuführen. Am häufigsten wird die Dreizahl angewandt (z. B. drei Brüder, drei Wünsche, drei Nächte). Sie liefert eine verständliche Übersicht über die Handlung.[98]

„Die abstrakte Stilisierung gibt dem Märchen Helligkeit und Bestimmtheit. Sie ist nicht Armut oder Nichtkönnen, sondern hohe Formkraft. Mit wunderbarer Konsequenz durchdringt sie alle Elemente des Märchens, verleiht ihnen festen Umriß [sic!] und sublime Leichtigkeit. Sie ist fern von toter Starrheit [...] Der Held ist ein Wandernder [...] aber die Bewegung ist keine willkürliche [...] Rein und klar, mit freudiger, leichter Beweglichkeit erfüllt das Märchen strengste Gesetze.“[99]

7.4 Isolation und Allverbundenheit

Die Isolation bezeichnet Lüthi als *„das beherrschende Merkmal [...] des abstrakten Märchenstils“*[100]. Der Märchenheld beschreitet seinen Weg allein, er ist beziehungslos, tritt

---

[97] Lüthi (1978): S. 27
[98] Vgl. Ebd., S. 25 ff.
[99] Ebd., S. 36
[100] Ebd., S. 37

dabei aber immer wieder in Kontakt mit seiner Umgebung. Bindungen zu Gestalten und Personen können vorübergehend eingegangen werden, sind nicht fest und bestehen nur so lange, wie sie für die Handlung notwendig sind. [101]

„Gerade dann, wenn die Märchenhelden ganz isoliert handeln, stehen sie, ohne es zu wissen, im Schnittpunkt vieler Linien und genügen blind den Forderungen, die vom Ganzen aus an sie gestellt werden. Sie denken nur an den anderen – und erreichen so das eigene Ziel."[102]

Über die Figuren wird nur das Notwendigste gesagt. Hinterfragt wird im Märchen nichts. Nur die Handlung im Hier und Jetzt ist wichtig. Aus vergangenen Situationen können die Figuren nichts lernen und treten Geschehnissen immer wieder neu gegenüber. Sie lernen weder aus ihren eigenen Erfahrungen, noch aus erzählten Erfahrungen anderer. Sie handeln aus der Isolation heraus immer wieder neu.[103]

Auch die Märchenhandlung ist isolierend. Knapp und ohne Details wird nur erzählt, was wir wissen müssen um den weiteren Handlungsverlauf zu verstehen. Einzelne Elemente nehmen keinen Bezug aufeinander, sodass jede Episode in sich abgeschlossen ist. Wiederholungen stützen die gesamte Handlung und bieten ihr Halt. Früher war dies sehr wichtig, weil es so Anhaltspunkte für die mündliche Überlieferungen gab.

Jedes einzelne Märchenelement ist in sich abgeschlossen und kann alle möglichen situationsabhängigen Bindungen eingehen. Lüthi spricht von einer sichtbaren Isolation und einer unsichtbaren Allverbundenheit. Beide gehören den Grundmerkmalen der Märchenform an.[104]

„Isolierte Figuren fügen sich, unsichtbar gelenkt, zu harmonischem Zusammenspiel. Beides bedingt sich gegenseitig. Nur was nirgends verwurzelt, weder durch äußere Beziehung noch durch Bindung an das eigene Innere festgehalten ist, kann jederzeit beliebige Verbindungen eingehen und wieder lösen. Umgekehrt empfängt die Isolation ihren Sinn erst durch die allseitige Beziehungsfähigkeit, ohne sie müßten [sic!] die äußerlich isolierten Elemente haltlos auseinanderflattern."[105]

---

[101] Vgl. Lüthi (1978): S. 37 ff.
[102] Ebd., S. 61
[103] Vgl. Ebd., S. 37 f.
[104] Vgl. Ebd., S. 49
[105] Ebd.

7.5   Sublimation und Welthaltigkeit

Die Sublimation und Welthaltigkeit beschreibt weniger ein Stilmerkmal, sondern vielmehr die Wirkung, die sich aus den vorherigen Stilmerkmalen ergibt.

Personen besitzen im Märchen keine individuellen Eigenschaften. Sie sind reine Handlungsträger und somit auswechselbar. Dinge sind reine Hilfsmittel um die Handlung voranzutreiben und somit ebenfalls austauschbar.

Alle Märchenmotive entstammen der Wirklichkeit. Elemente des Lebens werden im Märchen verarbeitet und verändert. Motive werden erst zu Märchenmotiven, wenn die profanen Stoffe der wirklichkeitsfernen Märchenform durch magische und mythische Elemente angepasst und somit entwirklicht werden. Diese Aufnahme und Verwandlung der Motive bezeichnet Lüthi als Sublimation.[106]

> *„Diese Entleerung aller Motive im Märchen bedeutet Verlust und Gewinn zugleich. Verloren gehen Konkretheit und Realität, Erlebnis- und Beziehungstiefe, Nuancierung und Inhaltsschwere. Gewonnen aber werden Formbestimmtheit und Formhelligkeit. [...] Alle Elemente werden rein, leicht, durchscheinend und fügen sich zu einem mühelosen Zusammenspiel."*[107]

Das Märchen lebt von Widersprüchen, die es selbst schafft. Folgende Gegenpole zeigt Max Lüthi auf:

Enge und Weite

Figuren und Umwelt sind durch scharfe Konturen gekennzeichnet und sind in sich selbst abgeschlossen. Dem gegenüber steht die weitausgreifende Handlung. Der Held verlässt immer seine Heimat und wandert in die Ferne.

Ruhe und Bewegung

Die Handlung des Märchens ist logisch aneinandergereiht, klar und hat eine feste Form. Trotzdem ist es den Figuren und der Handlung möglich rasch voranzuschreiten.

Freiheit und Gesetze

---

[106] Vgl. Lüthi (1978): S. 63 ff.
[107] Ebd., S. 69

Im Märchen kann alles möglich werden, obwohl das Erzählen einer strengen Struktur folgt.

Vielheit und Einheit

Der Plural wird im Märchen formelhaft verwendet (Zweizahl, Dreizahl, Siebenzahl, Zwölfzahl, Hundertzahl). Da andere Bezifferungen nicht existieren, wird die Vielheit doch wieder vereinheitlicht.

Freies Zusammenspiel

Die Märchenfigur ist nicht an Elemente ihrer Umgebung gebunden. Ihre Eigenschaften können sich unabhängig von der Umgebung entwickeln und müssen sich nicht anpassen. Dadurch ist es der Märchenfigur möglich, beliebige Bindungen einzugehen.

Lüthi versteht unter Welthaltigkeit, dass die Märchen alle wesentlichen Bestandteile des menschlichen Seins beinhalten. Nur ihre Ursprungsmotive sind entstellt. Die *„sublimierende Kraft des Märchens schenkt ihm die Möglichkeit, die Welt in sich aufzunehmen."*[108] Und genau dadurch wird das Märchen welthaltig.[109]

---

[108] Lüthi (1978): S. 69
[109] Vgl. Ebd., S. 63 ff.

8   Einhaltung der Stilmerkmale des Märchens nach Lüthi

Es liegt auf der Hand, dass der ursprüngliche Märchenstoff nicht dazu da ist, um verfilmt zu werden. Für einen Film ist die Handlung im Märchen nicht umfangreich genug. Der Filmschaffende muss viel eigene Ideen miteinbringen und die Geschichte ausschmücken. Die Aussage des Märchens bleibt dabei unverändert.

Lüthi versucht mit seinem Kriterien-Katalog gattungstypische Stilmerkmale zu benennen, die über die narrative Ebene der Geschichte hinausgehen. Aus diesem Grund werden die Stilkategorien auch immer wieder auf Märchenfilme übertragen. Lüthi hat seine Erkenntnisse anhand wortsprachlicher Textsysteme gewonnen. Liptay betont daher, dass die Gültigkeit seiner Forschungsergebnisse für den audiovisuell erzählenden Film prinzipiell in Frage zu stellen ist.[110] Die mediale Differenz und die Spezifik filmischer Erzählweisen sind zu berücksichtigen. Nicht alle charakteristischen Merkmale eines Märchens ließen sich übertragen.[111]

Für Jerrendorf ist die Erfüllung von Lüthis Stilmerkmalen die Voraussetzung für einen gelungenen Märchenfilm. Die Psychologisierung der Figuren, die plastische Erweiterung der flächenhaften Märchenwelt durch die Kategorien Raum und Zeit, die dramaturgische Auswertung stumpfer Motive und die visuelle Ausfabulierung beeinflussen jedoch im negativen Sinne die Qualität des Films. Sie erscheinen ihr als „Verrat" am Märchenstil.[112]

Schmitt merkt an, dass zwischen einer Oberflächen- und Tiefenstruktur des Märchentextes unterschieden werden muss. Nach seiner Auffassung können nur die Merkmale der Tiefenstruktur auf einen Film übertragen werden und als Vergleichsbasis zwischen Märchen und Märchenfilm dienen. Seiner Meinung nach besitzt nur das Stilmerkmal der

---

[110] Vgl. Liptay (2004): S. 60
[111] Vgl. Ebd.
[112] Vgl. Jerrendorf, Marion (1985): Grimms Märchen in Medien. Aspekte verschiedener Erscheinungsformen in Hörfunk, Fernsehen und Theater, Diss. Univ. Tübingen, S. 37 ff.

Eindimensionalität tieferliegende Sinnstrukturen, die übertragbar sind.[113] Lüthis Stilmerkmale bezeichnet er als „*Oberflächenphänomene [...] die aus der Erzählweise des mündlich tradierten Märchens [...] resultieren.*"[114]

„*Es liegt in seiner Visualität begründet, daß [sic!] der Film nicht gleich dem Märchen abstrakt sein kann*"[115], erklärt Liptay. Der Film kann den abstrakten Stil des Märchens nicht einhalten, weil einfache Bilder zu komplexen Bildzusammenhängen werden.[116] Der Film konkretisiert, muss aber auch viel interpretieren um die abstrakten Märcheninhalte zu visualisieren.[117] Figuren und Dinge werden auf eine bestimmte Art und Weise dargestellt.[118] Eine Prinzessin wird mit einer bestimmten Augen- und Haarfarbe, Lippenform, Körperstatur und Größe gezeigt. Nach expliziten Vorstellungen ist sie gekleidet, geschminkt und frisiert. Liptay ergänzt hierzu:

> „*Zwar kann man dem Silhouettenfilm, dem Puppen- und Zeichentrickfilm einen gewissen Grad an Abstraktheit und Flächenhaftigkeit zusprechen, doch handelt es sich hierbei lediglich um formale Ähnlichkeiten mit dem Märchen in seiner literarischen oder mündlichen Form, mit dem der audiovisuell erzählende Film – gleich welcher Gattung – nicht gleichgesetzt werden kann. Wollte man die am wortsprachlichen Textsystem ermittelten Stilmerkmale dem Märchen aufzwingen, würde man ihn gerade um jene Darstellungsmöglichkeiten bescheiden, die ihn gegenüber anderen Künsten auszeichnen: nämlich die Vermittlung von Bewegung, Räumlichkeit und fotografischem Realismus.*"[119]

Gegenstück zu Lüthis Stilanalyse ist das Werk „Morphologie des Märchens" des russischen Märchenforschers Vladimir Propp. Darin bestimmt er strukturelle Gesetzmäßigkeiten und den Aufbau verschiedener Märchen. An anderen Forschungsansätzen, u. a. Lüthis, kritisiert er die äußere Betrachtungsweise:

> „*Obwohl jeder Forschung eine bestimmte Klassifizierung zugrunde liegt, muß diese selbst doch das Ergebnis gewisser Vorarbeiten sein. Bisher können wir aber gerade das Gegenteil beobachten. Die Mehrzahl der Forscher beginnt mit der Klassifizierung. Sie übertragen ihr System von außen auf die betreffenden Märchen, anstatt den umgekehrten Weg zu gehen. Wie*

---

[113] Vgl. Schmitt, Christoph (1998): Adaptionen klassischer Märchen im Kinder- und Familienfernsehen. Eine volkskundlich-filmwissenschaftliche Dokumentation und genrespezifische Analyse der in den achtziger Jahren von den westdeutschen Fernsehanstalten gesendeten Märchenadaptionen mit einer Statistik aller Ausstrahlungen seit 1954, In: Becker, Jörg / Oberfeld, Charlotte (Hrsg.): Studien zur Kinder- und Jugendmedienforschung, 12. Bd., Frankfurt a. M., S. 66
[114] Ebd., S. 118
[115] Liptay (2004): S. 86
[116] Vgl. Ebd., S. 76
[117] Vgl. Ebd.
[118] Vgl. Ebd.
[119] Ebd. S. 81

wir noch feststellen werden, verstoßen sie dabei außerdem häufig gegen die elementarsten Unterscheidungsregeln.[120]

Nachdem verschiedene Ansichten zu der Übertragbarkeit der Stilmerkmale auf den Film diskutiert wurden, soll nun im folgenden Kapitel analysiert werden, welche Stilmerkmale Disney in seinen Märchenadaptionen wirklich einhält bzw. einhalten kann. Ebenfalls werden die Stilmerkmale in den Märchen „Schneewittchen" und „Dornröschen" der Brüder Grimm untersucht, um als Vergleichsbasis dienen zu können.

8.1   Schneewittchen (und die sieben Zwerge)

8.1.1 Eindimensionalität

Diesseitige und jenseitige Gestalten sind sich nicht fremd, agieren unbefangen miteinander und befinden sich auf einer Ebene.[121] Dieses Untersuchungsergebnis Lüthis ist im Märchen „Schneewittchen" der Brüder Grimm, sowie in der Disney Verfilmung „Schneewittchen und die sieben Zwerge" wiederzufinden.

Im grimmschen Märchen sowie in der Märchenverfilmung Disneys begegnet Schneewittchen als diesseitige Figur Jenseitigen in Form der sieben Zwerge. Ihre Andersartigkeit interessiert die Prinzessin nicht. Unbefangen lebt sie mit den Zwergen zusammen ohne sich vor ihnen zu fürchten. Sie stellt nichts in Frage und hinterfragt auch nichts, denn *„im Märchen gibt es weder numinose Angst noch numinose Neugier."*[122] Der Märchenheldin fehlt das Gefühl für das Absonderliche, weswegen sie mit jenseitigen Figuren genauso wie mit diesseitigen agiert. Sie unterscheidet zwischen ihnen nicht.[123] Schneewittchen nimmt die Hilfe der Jenseitigen an und geht danach ihren eigenen Weg weiter. Sie wird mit ihrem Prinzen glücklich und lässt ihre Helfer hinter sich. In der Disney Verfilmung gehören auch die Tiere der jenseitigen Sphäre an. Schneewittchens Eigenschaft mit ihnen kommunizieren zu können ist etwas ganz Natürliches. Die Prinzessin wundert sich nicht über die Gabe der Tiere sich durch Mimik und Gestik ausdrücken zu können.[124]

---

[120] Propp, Vladimir (1975): Morphologie des Märchens. Frankfurt a. M., S. 13

[121] Vgl. Lüthi (1978): S. 12

[122] Ebd., S. 10

[123] Vgl. Ebd.

[124] Vgl. DVD – Schneewittchen und die sieben Zwerge: 00:04:13

Wie auch Lüthi betont, sind es für sie „scheinbar gewöhnliche Tiere"[125]. In der Grimm Version ist von den helfenden Tieren keine Rede. Eine weitere Erkenntnis Lüthis ist, dass der Diesseitige dem Jenseitigen im unbekannten Wald gegenübertritt und nicht im heimischen.[126] Grimm und Disney greifen diesen Aspekt auf. Schneewittchen begegnet den jenseitigen Zwergen nicht in ihrem Heimatort, sondern im tiefen Wald. Lüthi betont: *„die bösen Stief- und Schwiegermütter treiben oft hexenhafte Künste."*[127] Im Grimm Märchen vergiftet die Königin einen Kamm und Apfel. Bei Disney verwandelt sie sich mit Hilfe ihrer Kräfte sogar in eine Hexe und stellt ebenfalls einen vergifteten Apfel her. Sie besitzt einen Zauberspiegel, der einen Gegenstand aus dem Jenseits repräsentiert. Als Diesseitige geht die Königin unbefangen mit dem Spiegel um. Sie wundert sich keineswegs über dessen Erscheinung und magischen Kräfte.

8.1.2 Flächenhaftigkeit

Die Figuren kennen keinen körperlichen Schmerz. Weder bei Grimm, noch bei Disney. *„Und als gerade ein junger Frischling daher gesprungen kam, stach er ihn ab, nahm Lunge und Leber heraus und brachte sie als Wahrzeichen der Königin mit."*[128], heißt es im grimmschen Märchen. Kein Leiden des Jungen, ein Schrei oder Blut kommen zur Erwähnung. In der Disney Verfilmung ist es nicht anders. Wie der Jäger das Schwein statt Schneewittchen tötet, wird nicht gezeigt oder erwähnt. Die böse Königin bei Grimm tanzt am Ende des Märchens auf glühenden Schuhen, bis sie tot umfällt.[129] Auch hier fehl jegliches Leidensgeräusch. Alles passiert mit einer großen Selbstverständlichkeit. Schmerz hat keinen Platz. Auch Lüthi erkennt: *„Von den gepeinigten Bösewichtern, die in glühenden Schuhen tanzen müssen […] vernehmen wir keinen Schmerzenslaut."*[130] Als die Grimms Stiefmutter Schneewittchen mit einem Schnürriemen zu töten versucht, heißt es bloß: *„Aber die Alte schnürte geschwind und schnürte so fest, daß [sic!] dem Schneewittchen der Atem verging und es für tot hinfiel."*[131] Schreie oder das Ringen um Luft werden nicht genannt. Nur die Handlung ist wichtig.

---

[125] Ebd., S. 9
[126] Vgl. Ebd., S. 11
[127] Lüthi (1978): S. 12
[128] Grimm, Jacob / Grimm, Wilhelm (1957): Die Märchen der Brüder Grimm. Vollständige 14. Auflage, München, S. 190
[129] Ebd., S. 196
[130] Lüthi (1978): S. 15
[131] Grimm (1957): S. 192

Lüthis Erkenntnissen nach, werden Tränen nur vergossen, wenn sie für die weitere Handlung bedeutend sind.[132] Diese These bestätigt sich im Märchen der Brüder Grimm. Schneewittchen fängt an zu weinen, als der Jäger mit einem Hirschfänger vor ihr steht.[133] Sie vergießt Tränen nur um Mitleid bei dem Jäger zu erwecken. Somit erreicht sie ihr Ziel und wird am Leben gelassen. Ansonsten agieren Grimms Figuren kühl ohne eigene Gefühle. Schneewittchen zeigt keinerlei freudige Reaktion, als der Prinz von ihrer Hochzeit spricht. Es heißt nur: *„Da war ihm Schneewittchen gut und ging mit ihm."*[134] Gefühlslos nimmt Schneewittchen seine Aussage hin. Kein inneres Empfinden der Prinzessin wird angedeutet.

In der Disneyverfilmung bestätigt sich Lüthis Erkenntnis nur teilweise. Als Schneewittchen in den Wald flüchtet, liegt sie weinend auf dem Boden. Ihre Tränen der Trauer und Verzweiflung treiben die Handlung voran und rufen jenseitige Helfer zur Hilfe.[135] Die Waldtiere helfen der Prinzessin und bringen sie zu den Zwergen. Anders als in der Erzählung von Jacob und Wilhelm Grimm zeigt Schneewittchen hier seelische Tiefe. Diese zeigt sie auch, wenn sie das Lied „Ich wünsch mir" singt.[136] Darin geht es um ihren Wunsch, mit dem Prinzen zusammenzukommen. Den Zwergen legt sie ebenfalls ihre Gefühle für den Prinzen offen. Schneewittchen sitzt sogar kniend vor dem Bett und betet zu Gott, dass ihr Wunsch in Erfüllung geht.[137]

> *„Selten nennt das Märchen Gefühle und Eigenschaften um ihrer selbst willen oder um Atmosphäre zu schaffen. Es erwähnt sie dann, wenn sie die Handlung beeinflussen. Und auch da nennt es sie nicht gerne bei Namen. Es spricht nicht von dem Mitleid, der Arglosigkeit, dem Edelmut des Helden."*[138]

Dieses Stilmerkmal Lüthis wurde in der Verfilmung nicht umgesetzt. Disneys Schneewittchen äußert Gefühle und Wünsche, ohne dass diese die Handlung vorantreiben. Sie zeigt seelische Tiefe. Auch Disneys sieben Zwerge zeigen als Jenseitige Gefühle. Ein gutes Beispiel ist hier, dass sie sofort rot werden, als Schneewittchen ihnen einen Kuss auf die Stirn gibt. Alle Zwerge schwärmen von Anfang an für das schöne Mädchen und zeigen das deutlich in ihrem Verhalten. Brummbär bildet eine Ausnahme. Anfangs ist er

---

[132] Vgl. Lüthi (1978): S. 14
[133] Vgl. Grimm (1957): S. 190
[134] Grimm (1957): S. 195
[135] Vgl. DVD – Schneewittchen und die sieben Zwerge: 00:10:27
[136] Vgl. Ebd., 00:04:10
[137] Vgl. Ebd., 00:58:09
[138] Lüthi (1978): S. 15

noch gegen die Prinzessin und zeigt ihr gegenüber keine Gefühle. Im Laufe der Handlung wird er immer gefühlvoller dargestellt. Am Schluss ist auch bei ihm deutlich eine Zuneigung zu Schneewittchen erkennbar.

Allen Figuren im Grimm Märchen fehlt die körperliche und seelische Tiefe. Sie sind keine Individuen und zeigen keine eigenen Gefühle. Die Disney Figuren werden dagegen so echt und authentisch wie möglich dargestellt. Jeder Zwerg ist durch eine individuelle Charaktereigenschaft geprägt.

Die fehlende Tiefendimension Schneewittchens im Grimm Märchen wird deutlich, als sie sie unbefangen in ein ihr unbekanntes Haus eintritt. Sie isst, trinkt und schläft dort. Sie hat keine Angst vor den Bewohnern, macht sich aber auch keine Gedanken über sie. Obwohl sie nicht weiß wer in dem Haus wohnt, fühlt sie sich wohl und schläft seelenruhig. Disneys Schneewittchen hingegen besitzt eine Tiefendimension. Bevor sie in das Haus eintritt, klopft sie zunächst an die Tür. Sie fragt, ob jemand zu Hause ist. Sofort überlegt sie, wer in dem Haus wohnen könnte. Sie kommt zu dem Entschluss, dass es womöglich Kinder sind. Sie denkt, dass diese vielleicht keine Mutter haben und sorgt sich sofort um sie.

„Das Märchen kennt grausame Strafen, aber es kennt keine Rachsucht.“[139] Diese These Lüthis bestätigt sich im Grimm Märchen. Schneewittchen entwickelt gegenüber der Königin keinen Hass. Bei Grimm kommt sie nicht auf den Gedanken, sich nach dem ersten oder zweiten Mordanschlag an der Königin zu rächen. Sie lädt sie sogar zu ihrer Hochzeit ein. Im Disney Film rächt sich Schneewittchen ebenfalls nicht. Hier sind es aber die Zwerge, die die Königin verfolgen und sich an ihr rächen wollen.

Die Zwerge als jenseitige Figuren erscheinen immer genau dann im Film und Märchen, wenn Schneewittchen Hilfe benötigt.

Schneewittchen gehört keinem verwandtschaftlichen Gefüge an. Die Stiefmutter ist nur als Kontrastfigur wichtig.[140] Bei Disney wird sie als Waisenkind dargestellt. Im Grimm Märchen erfahren wir ebenfalls nichts von dem Vater. Ihre leibliche Mutter stirbt kurz nach ihrer Geburt.

---

[139] Lüthi (1978): S. 17
[140] Vgl. Ebd., S. 17 f.

„Er [der Held] mag noch so Entsetzliches erleben – seine Schönheit und Jugend werden davon nicht berührt."[141] Im Märchen der Grimms sieht Schneewittchen immer noch wunderschön aus, obwohl sie eine lange Zeit scheintot in dem Sarg liegt.[142] Im Disney Film verliert sie ihre Schönheit ebenfalls nicht. Der nicht vorhandene Alterungsprozess verdeutlicht die Beziehungslosigkeit zu der Zeit. Diese ist im Märchen als auch in der Verfilmung dargestellt.

8.1.3 Abstrakter Stil

Die bloße Nennung wird im grimmschen Märchen Schneewittchen an Stellen wie *„ein kleines Häuschen"*[143] und *„an einem Fenster"*[144] deutlich. An einigen Stellen verlieren sich die Brüder Grimm jedoch in ausführliche Schilderungen und werden dem abstrakten Stil nicht ganz gerecht. Passagen wie *„so schön wie der klare Tag"*[145], *„über die spitzen Steine"*[146] und *„in dem Häuschen war alles klein, aber so zierlich und reinlich [...] da stand ein weißgedecktes Tischlein mit sieben kleinen Tellern"*[147] sind hier als Beispiele zu nennen. Der Disney Film „Schneewittchen und die sieben Zwerge" kann das Prinzip der bloßen Nennung nicht einhalten. Filme visualisieren und leben von ihren Bildern. Disney stellt fertige Figuren und Dinge mit einer bestimmten Gestalt dar. Schneewittchen trägt ein blau-gelbes Kleid mit hochstehendem Kragen und Puffärmeln. In ihrem kurzen gewellten Haar trägt sie eine rote Schleife. Die Zwerge tragen verschiedene Zipfelmützen und haben kurze oder lange Bärte. In ihrem Haus stehen ein großer Holztisch und ein Klavier. Unter dem Kamin hängt eine große Kochschüssel. Jacob und Wilhelm Grimm geben keine detaillierte Beschreibung. Der Leser muss sich die Figuren, Gegenstände, Gebäude und Umgebungen selbst ausmalen. Das Märchen metallisiert und mineralisiert Dinge gerne. Sowohl bei Grimm als auch bei Disney wird dies durch den gläsernen Sarg deutlich. Im Grimm Märchen wird zusätzlich erwähnt, dass goldene Buchstaben den Sarg verzieren. Auch der vergiftete Apfel verkörpert einen Gegenstand, den das Märchen gerne nennt.[148] Lüthi sagt: *„Das Märchen [...] bevorzugt die klare, ultrareine Farbe: golden, silbern, rot, weiß, schwarz, daneben noch etwa blau."*[149] Diese

---

[141] Lüthi (1978): S. 21
[142] Grimm (1957): S. 195
[143] Grimm (1957): S. 190
[144] Ebd., S. 189
[145] Ebd.
[146] Ebd., S. 190
[147] Ebd.
[148] Vgl. Lüthi (1978): S. 26
[149] Ebd., S. 28

Beobachtung Lüthis ist sowohl im Märchen der Brüder Grimm als auch im Disney Film wiederzuerkennen. Bereits am Anfang heißt es bei Grimm: *„so weiß wie Schnee, so rot wie Blut und so schwarzhaarig wie Ebenholz"*[150]. Disney stellt die Prinzessin ebenfalls mit blasser Haut, einem roten Mund und schwarzen Haaren da, wie die folgende Grafik veranschaulicht.

Zahlen

Die Dreizahl findet man bereits zu Beginn des grimmschen Märchens. Eine dreigliedrige Schönheitsformel beschreibt das Aussehen Schneewittchens: *„so weiß wie Schnee, so rot wie Blut und so schwarzhaarig wie Ebenholz."*[151] Diese Dreigliedrigkeit findet sich auch in den Mordanschlägen der Stiefmutter wieder. Die Handlung ist von einer starren Form geprägt. Bei Disney findet sich die Dreigliedrigkeit in der Befragung des Spiegels wieder. Dreimal fragt die Königin ihn nach der Schönsten im Land. Bei Grimm geschieht dies siebenmal. Die Zahl Sieben steht für die formelhafte Starrheit des Märchens. Bei Grimm und Disney sind es jeweils sieben Zwerge.

Wiederholungen

Eine starre Form findet sich in der Befragung des Spiegels wieder. Die Frage der Königin lautet bei Grimm jedes Mal: *„Spieglein, Spieglein an der Wand, Wer ist die Schönste im ganzen Land?"*[152]. Auch in der Antwort des Spiegels tritt eine Wiederholung auf. Seine Antwort beginnt immer mit: *„Frau Königin, Ihr seid die Schönste [...]."*[153] In der Disney Verfilmung variiert der Wortlaut der Königin und des Spiegels.

Formelhafte Anfänge und Schlusssätze

Die Brüder Grimm und auch Disney beginnen mit einem formalhaften Anfang: *„Es war einmal"*[154]. Einen formelhaften Schlusssatz gibt es im Grimm Märchen nicht. Disney endet mit den Worten *„Und wenn sie nicht gestorben sind, dann leben sie noch heute."*

---

[150] Grimm (1957): S. 189
[151] Grimm (1957): S. 189
[152] Ebd., S. 189 ff.
[153] Ebd.
[154] DVD - Schneewittchen und die sieben Zwerge: 00:01:28

Extremes

Einen starken Kontrast bilden bei Grimm und Disney Schneewittchen und ihre Stiefmutter. Beide sind zwar schön, jedoch ist Schneewittchen auch innerlich schön. Sie putzt als Prinzessin die eigene Schlosstreppe, hilft den Zwergen im Haushalt und ist zu jedem nett. Im Gegensatz zu ihr ist die Stiefmutter von Hass und Neid geprägt. Nur ihre äußere Erscheinung kann als schön bezeichnet werden. Am Ende wird der Triumph des Guten über das Böse dargestellt. Schneewittchen wird glücklich mit ihrem Prinzen und die böse Stiefmutter stirbt.

8.1.4 Isolation und Allverbundenheit

„Zentraler Träger der Isolation und Allverbundenheit"[155] ist Schneewittchen im gleichnamigen Märchen der Brüder Grimm. Sie gehört keinem festen gemeinschaftlichen Gefüge an. Nach ihrer Flucht in den Wald werden keine Unruhe und kein Kummer des Vaters geäußert. Ihre Isolation wird dadurch bestärkt, dass sie Halbwaise und Stieftochter ist. Ihre Isolation ermöglicht ihr die Allverbundenheit. Sie ist in der Lage mit den Zwergen aus dem Jenseits eine Beziehung einzugehen. Alle Figuren im Märchen „Schneewittchen" gehen nur vorübergehende Beziehungen ein. Schneewittchen zeigt kein Interesse am Wesen der Zwerge. Sie hinterfragt nichts, fürchtet sich aber auch nicht vor ihnen. Die Zwerge und Schneewittchen begegnen sich nur als Handelnde, weil sie kein dauerhaftes Interesse miteinander verbindet.[156] Die Isolation der Figuren ermöglicht vorübergehende Bindungen ohne Probleme wieder zu lösen. Nachdem die Zwerge das Mädchen gerettet haben, erfüllten sie ihren Zweck als jenseitige Helfer. Als Schneewittchen bei ihrem Prinzen ist, sind die Zwerge für sie nicht mehr wichtig. *„Die Figuren des Märchens lernen nichts, sie machen keine Erfahrungen. Sie achten nicht auf die Ähnlichkeit der Situationen, sondern handeln immer wieder neu aus der Isolation heraus"*[157], betont Lüthi. Bei allen drei Mordanschlägen macht Schneewittchen den gleichen Fehler. Sie lässt eine fremde alte Frau ins Haus und an sich heran. Weder aus dem ersten, noch aus dem zweiten Mal lernt sie. Der Situation tritt sie immer wieder neu gegenüber.

Einem gemeinschaftlichen Gefüge gehört die Heldin auch nicht in der Disney Verfilmung „Schneewittchen und die sieben Zwerge" an. Sie besitzt keine Eltern. Im Gegensatz zu

---

[155] Lüthi (1978): S. 60
[156] Vgl. Ebd., S. 37
[157] Lüthi (1978): S. 38

dem Grimm Märchen ist die Beziehung zwischen Schneewittchen und den sieben Zwergen nicht nur zweckmäßig. Zwar helfen die Zwerge der Prinzessin indem sie ihr Unterschlupf anbieten, doch sie zeigen auch Interesse an Schneewittchens Person. Sie wollen z. B. wissen, welche Gefühle Schneewittchen für den Prinzen hat.[158] Die Prinzessin erzählt den Zwergen von ihrem Wunsch, den Prinzen zu heiraten.[159] Sie tanzen und musizieren gemeinsam was darauf schließen lässt, dass sie ein freundschaftliches Verhältnis haben.[160] Allerdings sehen die Zwerge es auch von Vorteil, dass Schneewittchen bei ihnen wohnt. Sie kocht für sie und hält das Haus sauber. Die Zwerge gehorchen Schneewittchen und waschen sich auf ihre Anweisung hin sogar die Hände.[161] Normalerweise tun sie dies nur am Jahresanfang. Sie wollen es sich mit ihr jedoch nicht verscherzen.

Bei Grimm und Disney befragt die Stiefmutter den jenseitigen Zauberspiegel nicht, weil sie Interesse an seiner Gestalt hat. Er soll der Königin Auskunft geben. Die Beziehung zu ihm dient einzig und allein dem Zweck. Der gläserne Sarg steht im Märchen und im Film für das *„Seltene, Kostbare [und] Extreme"*[162] und somit auch für das Isolierte.[163]

8.1.5 Sublimation und Welthaltigkeit

Das Märchen basiert auf alltägliche Situationen, die durch magische Elemente entwirklicht werden. Jacob und Wilhelm Grimm beginnen mit dem Kinderwunsch der Königin. Sie wünscht sich ein Kind, das weiß wie Schnee, rot wie Blut und schwarz wie Ebenholz ist.[164] Magisch ist, dass es ihren Wunschvorstellungen entspricht. Das Motiv der Rache ist ein Gemeinschaftsmotiv. Entwirklicht wird es durch die Hexenkünste der Stiefmutter. Im grimmschen Märchen ist sie in der Lage einen Kamm und einen Apfel zu vergiften. Bei Disney vergiftet sie nicht nur einen Apfel, sondern verwandelt sich mit Hilfe ihrer Zauberkräfte in eine Hexe. Zudem ist sie im Besitz eines magischen Spiegels, der ihr verrät, ob Schneewittchen noch am Leben ist oder nicht. Der Tod und die Beerdigung sind weitere alltägliche Motiv. Es wird dadurch entwirklicht, dass sie ihre Schönheit beibehält. Ihre Rettung ist ebenfalls mit etwas Magischem belastet. Wie durch ein Wunder kommt das Apfelstück bei Grimm wieder aus Schneewittchens Kehle heraus. Im Disney

---

[158] Vgl. DVD – Schneewittchen und die sieben Zwerge: 00:54:50
[159] Vgl. Ebd.: 00:54:50
[160] Vgl. Ebd.: 00:50:36
[161] Vgl. Ebd.: 00:39:53
[162] Lüthi (1978): S. 37
[163] Vgl. Ebd.
[164] Vgl. Grimm (1957): S. 189

Film erwacht sie durch den Kuss des Prinzen wieder zum Leben. Erotische Motive werden bei Grimm komplett ausgespart. Nicht mal ein Hochzeitskuss wird erwähnt.[165] Die Themen Tod, Flucht, Neid, Rache, Rettung und Hochzeit werden verarbeitet, jedoch schlicht und abstrakt dargestellt. Die Entwirklichung der Gemeinschaftsmotive machen „Schneewittchen" der Brüder Grimm und seine Disney Verfilmung sublimierend und welthaltig.

8.2 Dornröschen

8.2.1 Eindimensionalität

Auch im Grimm Märchen „Dornröschen" und im gleichnamigen Disney Film werden das Diesseits und Jenseits dargestellt. Die Figuren aus den zwei unterschiedlichen Dimensionen agieren miteinander, ohne jegliche Verwunderung. Max Lüthi zufolge fehlt den Diesseitigen *„das Erlebnis des Abstandes zwischen sich und jenen andern Wesen."*[166] Figuren aus dem Jenseits sind bei Grimm der Frosch, die alte Frau im Turm und die dreizehn weisen Frauen. Im Disney Film stellen die drei guten Feen und die böse Fee Malefiz die jenseitigen Figuren dar. Bereits am Anfang des grimmschen Märchens zeigt sich das Merkmal der Eindimensionalität deutlich. Als die Königin am Wasser sitzt, wundert sie sich nicht über den plötzlich sprechenden Frosch. Sie nimmt seine Prophezeiung eines Kindes hin ohne zu hinterfragen. Bei dem Fest für die neugeborene Prinzessin werden die zwölf geladenen weisen Frauen bei Grimm und die drei Feen bei Disney genauso behandelt wie alle anderen Gäste. Es wird zwischen ihnen kein Unterschied gemacht, obwohl sie zwei verschiedenen Dimensionen entstammen. Mit großer Selbstverständlichkeit werden die Wundergaben[167] der weisen Frauen bzw. der guten Feen angenommen. Bei Grimm sind es Gaben wie Tugend, Schönheit und Reichtum.[168] In der Verfilmung Disneys wünschen die Feen Schönheit und eine Stimme wie Gold.[169] König und Königin wissen nicht woher die weisen Frauen bzw. Feen ihre Zauberkräfte haben, hinterfragen dies aber auch nicht.[170] Im Umgang mit den jenseitigen Gestalten ist das Königspaar keinesfalls ängstlich. Furchtlos agieren sie mit den weisen Frauen bzw. Feen

---

[165] Vgl. Lüthi (1978): S. 65
[166] Ebd., S. 9
[167] Vgl. Grimm (1957): S. 181
[168] Vgl. Ebd.
[169] Vgl. DVD – Dornröschen: 00:05:46
[170] Vgl. Lüthi (1978): S. 11

und treten mit ihnen auf natürliche Weise in Kontakt. Weder vor der dreizehnten weisen Frau noch vor Malefiz fürchten sie sich. Sie haben Angst vor dem drohenden Verlust ihrer Tochter. Ihr Schrecken ist aber nur in dem Gehalt der Verwünschung begründet, nicht in dem Auftreten der jenseitigen Figur und ihrem Ausspruch der Verwünschung. Nicht das Unheimliche, sondern die weltlichen Gefahren ängstigen sie.[171] *Die örtliche Ferne ist dem Märchen offenbar das einzige legitime Mittel, das geistig Andere auszudrücken.*[172] Disneys Malefiz lebt isoliert auf einem verlassenen Berg. Dies bestätigt Lüthis Forschungsergebnis. Auch Dornröschen fürchtet sich nicht vor dem Numinosen. Sie wundert sich im grimmschen Märchen nicht darüber, dass oben im Turm eine einsame alte Frau sitzt, von der sie noch nie zuvor etwas gehört hat. Ebenso wenig wundert sie sich über das Spinnrad, obwohl der König alle verbrennen lassen hat. Dornröschen hat keine Angst und geht neugierig auf die Alte zu und fragt: „ ‚Guten Tag du altes Mütterchen […] was machst du da?' "[173] Für sie ist es ebenfalls selbstverständlich mit den Tieren zu kommunizieren.

In der Disney Verfilmung wächst Dornröschen bei den drei Feen auf. Sie hält sie für ihre Tanten. Als sich herausstellt, dass diese Feen sind, wundert sie sich darüber nicht. Numinose Neugier und Angst sind bei ihr nicht vorhanden. Die Feen sind wichtig als Helfer, aber nicht interessant als Erscheinung.[174]

Auch der Prinz zeigt bei den Brüdern Grimm keine Furcht vor dem Jenseitigen. Sein Wunsch ist es eine Prinzessin zu finden. Er fürchtet sich weder vor dem Schicksal seiner Vorgänger, noch vor dem, was sich hinter der Dornenhecke verbergen könnte. Einzig durch den Wunsch eine Prinzessin zu finden ist er geleitet. Er ist neugierig und macht sich keine Gedanken über mögliche Hindernisse oder Gefahren. Die Verwandlung der Dornenhecke in schöne Rosen verwundert ihn ebenfalls nicht. Im weiteren Verlauf des Märchens ist die Dornenhecke irrelevant und wird nicht mehr erwähnt. Im Disney Film kämpft Prinz Philip mit Malefiz als wäre es etwas Alltägliches. Er *„sieht und erfährt weit Phantastischeres ohne jede innere Bewegung"*[175]. Selbst als Malefiz die Gestalt eines riesigen Drachens annimmt, lässt sich der Prinz nicht beeindrucken. Das stimmt mit der These Lüthis: *„Nicht als Staunender, sondern als Handelnder tritt er dem Drachen […] gegenüber"*[176] überein. Von den Feen bekommt Prinz Philip ein Zauberschwert. Er weiß

---

[171] Vgl. Ebd., S. 10
[172] Lüthi (1978): S. 11
[173] Grimm (1957): S. 181
[174] Vgl. Lüthi (1978): S. 9
[175] Lüthi (1978): S. 9
[176] Ebd.

es zu dem passenden Zeitpunkt richtig einzusetzen. Danach wird das Schwert nicht mehr gebraucht und nicht mehr erwähnt.

8.2.2 Flächenhaftigkeit

Im grimmschen Märchen „Dornröschen" werden Gefühle nur gezeigt, wenn sie Einfluss auf den weiteren Handlungsverlauf haben. Erwähnt wird z. B. nicht, dass sich das Königspaar erschrickt, als die dreizehnte weise Frau auftaucht. Die Handlung würde dadurch nicht vorangetrieben werden. Die Besorgnis des Königs drückt sich in seiner Handlung aus. Er lässt alle Spindeln im gesamten Königreich verbrennen. Gefühle werden auf Handlungen übertragen. Keine Figur besitzt eine seelische Tiefe. Alle sind ohne Charakterzüge dargestellt. Sie sind flächenhaft.

Im Disney Film „Dornröschen" sind die Figuren das komplette Gegenteil von flächenhaft. Sie besitzen eine seelische Tiefendimension. Gefühle werden auch gezeigt, wenn diese die weitere Handlung nicht vorantreiben. Der Prinzessin kommen beispielsweise die Tränen, als sie erfährt, dass sie bereits an einen Mann versprochen ist.[177] Sie will aber lieber ihre Bekanntschaft aus dem Wald heiraten. Weil sie die Situation nicht ertragen kann, weint sie. Diese Gefühle rufen keine jenseitigen Helfer herbei, noch treiben sie die Handlung voran. Dies steht im Kontrast zu der Aussage Lüthis: *„Selten nennt das Märchen Gefühle und Eigenschaften um ihrer selbst willen oder um Atmosphäre zu schaffen."*[178] Gefühle bringt das schöne Mädchen auch in ihrem Lied „Einmal im Traum" zum Ausdruck. Die Zuschauer erhalten Einblick in ihre Innenwelt. Sie singt von ihrem Wunsch einem Prinzen zu begegnen. Auch ihr Vater zeigt Gefühle. Er hat seine Tochter 16 Jahre lang nicht gesehen. Seufzend steht er mit traurigem Blick am Fenster und schaut in die Ferne. Als Dornröschen zum ersten Mal nach 16 Jahren auf ihre Eltern trifft, weint die Mutter. Sie legt dem Zuschauer ebenfalls ihre Gefühlswelt offen. Aber nicht nur die diesseitigen, sondern auch die jenseitigen Figuren der Disney Verfilmung zeigen ihre seelische Tiefe. Die drei Feen Flora, Fauna und Sonnenschein wollen die Prinzessin vor der bösen Malefiz beschützen und ziehen sie im Wald auf. Als sich Aurora an der Spindel sticht und in den tiefen Schlaf fällt, stehen die Feen weinend an ihrem Bett.[179] Damit sich

---

[177] Vgl. DVD - Dornröschen : 00:37:55
[178] Lüthi (1978): S. 15
[179] DVD - Dornröschen: 00:50:33

niemand Sorgen um die Prinzessin macht, versetzen sie das gesamte Königreich ebenfalls in einen tiefen Schlaf.[180] Sie handeln vorrausschauend und nehmen auf die Gefühle anderer Rücksicht.

Das fehlende Schmerzempfinden der Figuren ist ein weiterer Aspekt der Flächenhaftigkeit.[181] Dieser findet sich bei Grimm und Disney wieder. Als sich Dornröschen in der Grimm Version an der Spindel sticht, äußert sie keinen Schmerzenslaut. Blut am Finger wird nicht erwähnt. Auch Disney zeigt kein Blut oder lässt die Prinzessin ihren Schmerz äußern. Gefühle und Empfindungen der gescheiterten Prinzen an der Dornenhecke erwähnen Grimm ebenfalls nicht. Es heißt lediglich *„und die Jünglinge blieben darin hängen, konnten sich nicht wieder losmachen und starben eines jämmerlichen Todes."*[182]

Individuen gibt es im Märchen der Grimms nicht. Alle Charaktere stehen nur für bestimmte Werte und Eigenschaften, die für ihre Figur typisch sind. Es werden ausschließlich allgemeine Angaben wie *„alter Mann"*[183] oder *„alte Frau"*[184] gemacht oder gesellschaftliche Stellungen wie „König", „Prinzessin", „Küchenjunge" und „Koch" genannt.[185] In der Disney Verfilmung ist jede Figur mit individuellen Charakterzügen geprägt.

Die Figuren bei Grimm treten nur dann auf, wenn es die Handlung erfordert. Nur Figuren, die in der aktuellen Situation behilflich und nützlich sein könnten, erscheinen. Beispielsweise kann nur eine magische Figur eine Verwünschung hervorrufen, nicht aber ein junger Prinz. Dieser kann jedoch im Gegensatz zu einem Küchenjungen die schöne Prinzessin retten. Der Status einer Figur und ihre Funktion bestimmen in welcher Situation sie auftritt. Dieses Merkmal findet sich auch in Disneys Verfilmung wieder. Beispielsweise können nur die Feen dem Prinzen beim Kampf gegen Malefiz helfen. Der Prinz besitzt keine Zauberkräfte und wäre der bösen Fee gegenüber machtlos. Die Feen zaubern ihm ein magisches Schwert und ein Schild zum Schutz. In dieser Situation könnte vermutlich keine andere Figur besser behilflich sein.

---

[180] Vgl. Ebd.: 00:51:02
[181] Vgl. Lüthi (1978): S. 14
[182] Grimm (1957): S. 182
[183] Ebd.
[184] Ebd., S. 181
[185] Vgl. Ebd., S. 180 ff.

Raum und Zeit sind im Märchen und Film flächenhaft. Alle Raumangaben bei Grimm sind sehr allgemein gehalten, z. B. „*im Land*"[186], „*im Bade*"[187] oder „*allerorts*"[188]. Gegen die Knappheit des Darstellungsstils widerspricht die Schilderung des Ruhestands im Schloss:

> „*Im Schloßhof [sic!] sah er die Pferde und scheckigen Jagdhunde liegen und schlafen [...] und sah im Saale den ganzen Hofstatt liegen und schlafen [...] und alles war so still, daß [sic!] einer seinen Atem hören konnte, und endlich kam er zu dem Turm und öffnete die Türe zu der kleinen Stube.*"[189]

In diesem Abschnitt wird der Einfluss der Brüder Grimm besonders deutlich. Sie malen die Szene aus und schildern ausführlicher als es die Knappheit des Stils versteht. Lüthi kritisiert das. Er ist der Meinung, dass die Brüder Grimm hier erheblichen Einfluss auf den Text hatten und damit dem Idealtyp eines Märchens entgegenwirkten: „*Die Grimms haben hier der Verlockung nicht widerstanden, das Phänomen durch groteske Einzel-züge besonders deutlich zu machen*".[190]

Raumangaben können im Film nicht flächenhaft sein. Der Film visualisiert und stellt Räumlichkeiten dar. Wir sehen nicht nur ein Schloss und eine Waldhütte von außen, sondern auch von innen, da sich dort Handlungen abspielen.

Die Zeitangaben sind sowohl bei Grimm als auch bei Disney unbestimmt. Folgende Bei-spiele dafür liefert Grimm: „*als die Königin einmal im Bade saß*"[191], „*nach langen, langen Jahren*"[192] und „*bis an ihr Ende*"[193]. Während des langen tiefen Schlafs altern die Figuren nicht. Die Zeit ist bedeutungslos. Figuren haben dafür kein Empfinden. „*Der Film der Handlung war nur gleichsam für hundert Jahre angehalten und läuft nun an derselben Stelle weiter, als sei nichts geschehen*"[194], ergänzt Rölleke.

Die zwölf goldenen Teller und der verrostete Schlüssel entsprechen im grimmschen Märchen der Formfestigkeit und Linienhaftigkeit. Die Gegenstände sind isoliert und ver-ändern ihre Form nicht. Sie sind da, weil sie eine besondere Funktion haben und nicht, weil sie etwas Alltägliches sind. Die zwölf Teller stellen einen Mangel dar. Die dreizehnte

---

[186] Grimm (1957): S. 182
[187] Ebd., S. 180
[188] Ebd., S. 181
[189] Ebd., S. 182 f.
[190] Lüthi (1978): S. 20
[191] Grimm (1957): S. 180
[192] Ebd., S. 182
[193] Ebd., S. 183
[194] Rölleke (1985b): S. 40

weise Frau wird aufgrund dessen nicht eingeladen. Dadurch wird die eigentliche Handlung ausgelöst. Die Rache der weisen Frau äußert sich in ihrer Verwünschung. Der verrostete Schlüssel ist die Schwelle zwischen Dornröschen Leben und Fluch. Als die Prinzessin ihn umdreht, öffnet sich die Tür und sie begegnet der alten Frau mit der Spindel. In Disneys „Dornröschen" stehen das metallische Schwert und den Schild für die Formfestigkeit. Sie haben die Funktion das Böse zu besiegen. Isoliert sind sie, weil sie nur in einer bestimmten Situation gebraucht und ferner nicht mehr erwähnt werden.[195] Lüthis Beobachtung: *„Die linearen- oder flächenförmigen Dinge des Märchens aber bleiben metallisch starr und unverändert"*[196] bestätigen sich im grimmschen Märchen und wurden auch von Disney aufgegriffen.

Die Spindel ist bei Grimm und Disney der Gegenstand, der für die Handlung am wichtigsten ist. Durch sie tritt die Verwünschung ein. Nachdem Dornröschen sie berührt, tritt die Verwünschung ein. Damit hat die Spindel ihren Zweck erfüllt und wird nicht mehr erwähnt. Lüthis Erkenntnis, dass die Zauberdinge nach Gebrauch oder Erfüllung ihrer Aufgabe nicht mehr zur erwähnt werden, bestätigt sich in der grimmschen Version und ebenfalls im Disney Film.

8.2.3 Abstrakter Stil

Die Aussage Lüthis: *„Das europäische Märchen kennt keine Schilderungssucht."*[197] bestätigt sich im Märchen „Dornröschen der Brüder Grimm" nur teilweise. An einigen Stellen werden Dinge und Vorgänge ausführlicher beschrieben. Folgendes Beispiel soll dies verdeutlichen: *„Und alles war so still, daß [sic!] einer seinen Atem hören konnte."*[198] Lüthi kritisiert hier die Brüder Grimm, da sie an einigen Stellen *„den Stil des echten Märchens"*[199] nicht einhalten. Das Merkmal der bloßen Benennung kann im Film nicht umgesetzt werden. Durch die Visualisierung ist es schier unmöglich Dinge nur zu benennen und nicht ausführlich zu beschreiben. Der Film lebt von dem Anschaulichen und kann daher nicht auf Schilderungen verzichten. Dornröschen beispielsweise wird von Disney mit langen blonden Haaren und großen Augen dargestellt. Malefiz ist ganz in Schwarz gekleidet. Auf ihrem Kopf trägt sie zwei Hörner. Derartige Einzelheiten werden im Märchen nicht beschrieben.

---

[195] Vgl. Lüthi (1978): S. 13
[196] Ebd.
[197] Lüthi (1978): S. 25
[198] Grimm (1957): S. 183
[199] Lüthi (1978): S. 26

Dass das Märchen konsequent auf individuelle Charakterzüge verzichtet,[200] bestätigt sich im grimmschen Märchen. Stets ist von „dem König" oder „dem Koch" die Rede, ohne dass die Figuren näher gezeichnet werden. Anders ist es mit den Figuren in der Disney Verfilmung. Der Prinzessin kann hier die Sturheit als ein individualisierter Charakterzug zugesprochen werden. Als sie erfährt, dass sie bereits einem Mann versprochen ist, weigert sie sich zunächst ins Schloss zurückzukehren. Die drei Feen Flora, Fauna und Sonnenschein sind allein schon aufgrund ihrer unterschiedlichen Kleiderfarben rot, grün und blau individuell. Disney stellt die Charaktere so ausführlich wie möglich dar. Bis ins kleinste Detail ist alles ausgearbeitet.

Das Merkmal der starren Konturen wird bei Grimm mit den goldenen Tellern und dem verrostetem Schlüssel und bei Disney durch das Schwert und den Schild des Prinzen aufgegriffen.

Zahlen

Die Einzahl unterstreicht das Merkmal der Isolation und tritt bei Grimm und Disney häufig auf (ein rettender Prinz, eine Prinzessin, eine verfluchende Gestalt, eine Königin).

Bei Disney ist die Dreizahl in Form der drei guten Feen gegeben. Bei Grimm sind es dreizehn weise Frauen. Da es nur zwölf Teller gibt, werden auch nur zwölf zum Fest geladen. Die Zahl dreizehn ist eine Unglückszahl, die sich in diesem Fall negativ auf Dornröschen ausübt. Die dreizehnte weise Frau spricht die Verwünschung aus. Die Zahl Zwölf und Drei haben eine positive Bedeutung. Darum mildert auch die zwölfte weise Frau (im Märchen) und die dritte Fee (im Disney Film) die Verwünschung. Die Zahl 100 ist eine *„reine Stilformel"*[201]. Sie steht nicht explizit für eine genaue Zahl, sondern für einen sehr langen Zeitraum. Die Zahl 100 verkörpert die Mehrzahl an sich.

Wiederholungen

Wiederholungen treten in der grimmschen Version nicht auf. Im Disney Film wiederholt sich das Lied „Einmal im Traum". Es zieht sich von Anfang bis zum Ende durch den Film.

---

[200] Vgl. Lüthi (1978): S. 26
[201] Ebd., S. 33

Formelhafte Anfänge und Schlusssätze

Das Märchen der Brüder Grimm beginnt mit den Worten *„vor Zeiten war ein König und eine Königin"*[202]. Disney steigt mit den Worten *„vor langer, langer Zeit"*[203] ein. Mit *„und sie lebten vergnügt bis an ihr Ende"*[204] schließen die Brüder Grimm ihr Märchen ab. Eine Schlussformel gibt es in der Verfilmung nicht. Disney endet mit dem Zuklappen eines Buches, auf dem „The End" steht.

Wunder

Bereits die Existenz Dornröschens ist bei Grimm mit dem Wunderbaren durchkreuzt. Ein Frosch kündigt der Königin die Geburt einer Tochter an. Wunderbar bei Grimm und Disney sind die Figuren aus dem Jenseits wie die Feen und die weisen Frauen. Hierbei ist wunderlich, dass das Königspaar mit den Jenseitsfiguren ganz natürlich umgehen kann. Im grimmschen Märchen ist zudem wunderbar, dass genau an dem Tag, an dem Dornröschen 16 Jahre alt wird, ihre Eltern nicht zu Hause sind, obwohl sie wissen sie von dem Fluch wissen, dass sich die Prinzessin an ihrem 16. Lebensjahr an einer Spindel stechen soll. Dies steht im Einklang mit Lüthis Erkenntnis, dass im Märchen alle Situationen ganz genau aufeinander passen und abgestimmt sind.[205]

8.2.4 Isolation und Allverbundenheit

Die Märchenfiguren im Grimm Märchen sind beziehungslos. Sie gehen keine dauerhafte und feste Verbindung mit anderen Figuren ein. Zu Beginn des Märchens wird das Königspaar isoliert dargestellt. Sie führen weder Gespräche untereinander, noch haben sie Kontakt zu ihren Bediensteten. Diese innere und äußere Isolation ermöglicht die Allverbundenheit. Der Königin ist es möglich, mit dem Frosch aus dem Jenseits in Kontakt zu treten. Mit der Geburt der Prinzessin entsteht eine Eltern-Kind-Beziehung zwischen dem Königspaar und Dornröschen. Auf der inhaltlichen Ebene bleibt die Prinzessin aber ein isoliertes Einzelkind, das ebenfalls in Kontakt mit Figuren aus dem Jenseits – wie später der alten Frau - treten kann.[206] Auch die weisen Frauen sind isoliert: sie erscheinen auf dem Fest, werden später aber nicht mehr erwähnt. Sie dienen nur dazu, der Prinzessin

---

[202] Grimm (1957): S. 180
[203] DVD - Dornröschen: 00:02:05
[204] Grimm (1957): S. 183
[205] Lüthi (1978): S. 32
[206] Vgl. Lüthi (1978): S. 37

Wünsche auszusprechen und die Verwünschung zu mildern. Alle Verbindungen sind nur von vorübergehender Dauer und werden genau dann eingegangen, wenn es relevant für die weitere Handlung ist. Es besteht kein wesenhaftes Interesse.[207] Die alte Frau im Turm ist zudem räumlich isoliert. Ihre Verbindung zu Dornröschen ist nur kurz und dient der Erfüllung der Verwünschung. Danach wird auch sie nicht mehr erwähnt, denn für den weiteren Handlungsverlauf ist sie nicht wichtig. Alle Prinzen, die versuchten Dornröschen zu retten, sind aus ihrer alten Umgebung isoliert. Sie treten am Handlungsort auf, ohne dass wir etwas über ihre Herkunft und Person erfahren. Lüthi ist folgender Meinung:

> „[...] der Erlöser Dornröschens ist nicht reiner und edler als seine Vorgänger; es geht ihm nur deshalb besser, weil jetzt eben die hundert Jahre abgelaufen sind, während alle früheren Prinzen diesen Zeitpunkt nicht zu treffen wußten [sic!] und deshalb elendiglich in den Dornen hängen blieben."[208]

Alle Prinzen sind fremdbestimmt. Sie wissen nicht, dass es ihre Aufgabe ist, Dornröschen zu retten, tun es aber trotzdem oder versuchen es zumindest. Sie sind deshalb sowohl äußerlich als auch innerlich isoliert.

Ganz anders ist es im Disney Film „Dornröschen". Hier gehen die Figuren nicht nur notwendige sondern innige Verbindungen ein. Die Beziehung zwischen König und Königin wird besonders deutlich, als beide am Fenster stehen und zusehen, wie die Feen mit ihrer neugeborenen Tochter in den Wald ziehen. An dieser Stelle legt der König seine Hand um die Königin, welche ihren Kopf auf seine Schulter legt.[209] Dornröschens Vater äußert gegenüber König Hubert seine Sorgen: „Noch immer kein Zeichen von ihr [...] nach 16 Jahren voller Sorge bin ich am Ende."[210] Als das Königspaar ihre Tochter nach 16 Jahren wiedersieht, gibt es eine innige Umarmung.[211] Zwischen den Feen und Aurora besteht eine starke Bindung. Flora, Fauna und Sonnenschein kümmern sich um die Prinzessin und ziehen sie 16 Jahre lang versteckt in einer Waldhütte auf. Sie wollen sie vor der bösen Fee Malefiz schützen. An Dornröschens 16. Geburtstag wollen die Feen sie mit einer selbst gebackenen Torte und einem selbst genähtem Kleid eine Freude machen. Zwischen dem schönen Mädchen und dem Prinzen besteht ebenfalls eine innige Beziehung. Mit der ersten Begegnung im Wald haben sich beide ineinander verliebt und wollen sich wiedersehen. Sie verabreden sich am gleichen Abend an der Waldhütte. Als

---

[207] Vgl. Ebd., S. 37 ff.
[208] Ebd., S. 67
[209] Vgl. DVD - Dornröschen: 00:14:27
[210] Ebd.: 00:38:15
[211] Ebd.: 01:10:12

der Prinz von Malefiz festgenommen wird, kämpft er für seine Liebe. König Stefan und König Hubert verbindet Freundschaft. Sie wollen ihre Kinder miteinander verheirateten. Die böse Fee Malefiz ist isoliert. Sie ist die einzige, die nicht zum Fest eingeladen wurde. Räumlich isoliert ist sie ebenfalls. Sie lebt auf einem Berg außerhalb des Königreichs. Verbunden ist sie nur mit ihren jenseitigen Untertanen.

Zwischen Dornröschen und den Waldtieren besteht auch eine innige Beziehung. Als das Mädchen im Wald Beeren pflückt, wird sie von ihnen begleitet. Es gibt keinen Gefühlsausbruch Dornröschens, der die Tiere herbeiholt. Ganz selbstverständlich kommuniziert die Prinzessin mit den Tieren und erzählt ihnen von ihrem Traum einen Prinzen zu treffen. Die Figuren im Disney Film gehen nicht nur flächenhafte Beziehungen ein. Trotzdem ist Lüthis Merkmal der Allverbundenheit sichtbar, denn die diesseitigen Wesen können ohne Probleme Bindungen mit den Jenseitigen eingehen.

8.2.5 Sublimation und Welthaltigkeit

Im Grimm Märchen und Disney Film werden Motive aus der Wirklichkeit dargestellt. Magische Elemente entwirklichen diese. Diesseits und Jenseits vermischen sich. Der Kinderwunsch des Königpaares bei Grimm ist ein einfaches Gemeinschaftsmotiv und entstammt der Wirklichkeit.[212] Erfüllt wird der Wunsch aber nicht auf natürlichem Wege. Ein Frosch prophezeit der Königin ein Kind. Ein Fest mit Geschenken zur Geburt eines Kindes ist ebenfalls ein natürliches Motiv. Die Geschenke werden bei Grimm und Disney durch Magie entwirklicht. Die Brüder Grimm bezeichnen sie als Wundergaben[213]. Die Verwünschung der Prinzessin durch die dreizehnte weise Frau bzw. durch die böse Fee Malefiz ist ebenfalls etwas Unnatürliches. Zu den magischen Motiven gehört im Grimm Märchen auch, dass eine alte Frau oben im Turm an einer Spindel sitzt, obwohl alle Spindeln im Königreich verbrannt wurden und zuvor noch niemand etwas von ihr gehört hat. Die Dornenhecke vor dem Schloss ist ein magisches Motiv, das mit der Verwünschung einhergeht.

Der Kinderwunsch des Königpaares sowie ihre Ehe werden bei Grimm ohne jede Erotik dargestellt. Im Film küssen sich Dornröschen und Prinz Philip bei ihrem Hochzeitstanz.[214] In der grimmschen Version wird dieser übliche Hochzeitskuss nicht erwähnt. Dort

---

[212] Vgl. Lüthi (1978): S. 63
[213] Grimm (1957): S. 181
[214] Vgl. DVD - Dornröschen: 01:11:43

heißt es lediglich: *„Und da wurde die Hochzeit des Königssohns mit dem Dornröschen in aller Pracht gefeiert."*[215] Inhalte werden vereinfacht und abstrakt dargestellt.

Welthaltig ist das Märchen Dornröschen, weil es Motive des menschlichen Lebens verarbeitet. Es geht um Gut und Böse, Leben und Tot, Intrige und Verführung, Verzweiflung und Hilfe, Schwäche und Ahnungslosigkeit.[216] Es sind alles Themen, die noch heute relevant sind. Erst durch Hinzufügen des Magischen werden das Märchen zum Märchen und der Film zum Märchenfilm.

---

[215] Grimm (1957): S. 183

9 Resümee

Ziel dieser Arbeit war es, die grundlegenden Unterschiede zwischen den Grimm Märchen und den Disney Filmen am Beispiel von „Schneewittchen" und „Dornröschen" aufzuzeigen und anhand der Stilanalyse von Max Lüthi herauszufinden, welche Elemente eines Märchens in den Märchenverfilmungen wiederzufinden sind.

Das Märchen wurde im Laufe der Zeit immer populärer. Märchenerzählungen haben einen besonderen Reiz und erfreuen sich immer noch großer Beliebtheit. Allerdings hat sich der Medienalltag drastisch gewandelt aufgrund der audiovisuellen und elektronischen Medien. Schon längst werden Märchen nicht mehr mündlich überliefert oder schriftlich festgehalten – sie werden visualisiert. Heute sind die Disney Versionen der Märchen besser bekannt als die der Brüder Grimm.

Die Analyse der Stilmerkmale eines Märchens im Grimm Märchen und in den Disney Filmen hat einige Gemeinsamkeiten, aber auch viele Unterschiede aufgezeigt. Diese sollen an dieser Stelle noch einmal beschrieben werden.

Das Merkmal der Eindimensionalität ist sowohl in den Grimm Märchen, als auch in den Disney Filmen erkennbar. Diesseitige Figuren agieren unbefangen mit jenseitigen. Mit wunderbaren Wesen wie z. B. Feen gehen die Diesseitsfiguren ganz unbefangen um. Auch die Eigenschaft mit Tieren sprechen zu können, ist etwas ganz Natürliches. Schmitts Ansicht, dass nur die Eindimensionalität auf einen Film übertragbar ist, können die Untersuchungsergebnisse dieser Arbeit nicht bestätigen. Während sich das Merkmal der Flächenhaftigkeit durch Grimms Märchen zieht, baut Disney auf charakterstarke Figuren, die alles andere als flächenhaft sind. Sie zeigen Emotionen, haben Träume und denken voraus. Bis ins kleinste Detail sind die Figuren und Dinge von Disney ausgearbeitet worden. Was den Disney Figuren jedoch fehlt, ist der körperliche Schmerz. Wie bereits Liptay betonte, lebt der Film von seinen Bildern, womit die Umsetzung des abstrakten Stils kaum möglich ist. Disney versucht alles so authentisch wie möglich darzustellen. Aber auch die Brüder Grimm sind dem abstrakten Stil nicht immer treu geblieben. An einigen Stellen führen sie ausschmückende Beschreibungen auf, die gegen das Stilmerkmal verstoßen. Die Isolation und Allverbundenheit wird von Disney nur teilweise eingehalten. Diesseitige Figuren können zwar Bindungen mit den Jenseitigen eingehen, jedoch sind diese nicht nur zweckmäßig. Schneewittchen und Dornrösschen haben z. B. eine enge Bindung zu ihren jenseitigen Helfern wie den Zwergen und Feen. Die Disney Figuren sind isoliert, da sie als Waise dargestellt oder gleich am Anfang des Films von ihren Eltern getrennt werden. In den Märchen der Brüder Grimm zieht sich das Merkmal der Isolation und Allverbundenheit durch die ganze Erzählung. Das Stilmerkmal der Sublimation und Welthaltigkeit ist im Märchen und Film gegeben. Beide verarbeiten allgegenwärtige gemeinschaftliche Themen, die durch Wunderbares entwirklicht werden.

Disney setzt viele der Stilmerkmale in seinen Verfilmungen nicht um. Die Märchenadaptionen haben mit den Originalmärchen der Brüder Grimm nicht mehr viel gemeinsam.

Die Intention der Filmemacher ist bei der filmischen Umsetzung eines Märchens ausschlaggebend. Eine Adaption ist immer eine individuelle Interpretation. Disney macht aus den recht simplen Märchen der Brüder Grimm unterhaltsame Filme für die ganze Familie und feiert damit weltweite Erfolge. Technisch erstklassige Filme für eine möglichst große Zielgruppe werden produziert. Walt Disney strebte in erster Linie nach Profit. Er griff auf altbewährte Märchen zurück und wandelte sie nach seinen Vorstellungen um. An den untersuchten Filmen „Schneewittchen und die sieben Zwerge" und „Dornröschen" zeigt sich dies deutlich. Mit dem Original der Brüder Grimm haben sie nur noch wenige Gemeinsamkeiten. Disney baut zwar auf deren Vorlagen auf, die Endprodukte sind aber alles andere als „grimmig". Es sind eigene liebevolle Meisterwerke. Die Märchenadaptionen verfallen dem klassischen Disney-Klischee. Leichte Unterhaltung, zahlreiche musikalische Einlagen, Humor, niedliche und kindliche Tierfiguren und Hauptcharaktere. Disney erweitert die Geschichte und schafft einzigartige und unvergessliche Figuren. Es wird so viel amerikanisiert wie nur möglich. Mit anderen Worten: Die Märchen der Brüder Grimm mussten die Disneyfizierung über sich ergehen lassen. Walt versuchte den Märchenstoff kindertauglich zu machen. Die „Kinder- und Hausmärchen" der Brüder Grimm weisen viele grausame Taten auf, deren Verfilmung in ein einziges Blutbad enden würde. Disney aber ist bemüht eine Traumwelt, ohne Kummer und Sorgen zu zeigen. Seine Filme sollen das amerikanische Idealbild verkörpern. Sie enden immer mit einem Happy End. Grimm beschreibt zuletzt meist die Strafe des Bösen. Disneys konsequente Darstellung einer harmonischen Welt hat zur Folge, dass der eigentliche Märcheninhalt entleert wird.

Aber gerade weil Disney nicht den Stil der grimmschen Märchen beibehält, sind die Filme so erfolgreich. Die Zuschauer wollen von einer Geschichte gefesselt werden und sich mit den dargestellten Figuren identifizieren. Würde Disney auf dem Prinzip der Brüder Grimm aufbauen, wäre dies alles nicht möglich. Disney versteht es, die Zuschauer in seinen Bann zu ziehen und zeigt ihnen eine Welt, von der die Brüder Grimm wahrscheinlich nicht mal zu träumen wagten.

Literaturverzeichnis

Balázs, Béla (2001): Der sichtbare Mensch. Oder die Kultur des Films, Frankfurt am Main

Bausinger, Hermann (1996): Kontinuität. In: Rolf Wilhelm Brednich (Hrsg.) Enzyklopädie des Märchens. Handwörterbuch zur historischen und vergleichenden Erzählforschung, 8. Bd., Berlin / New York: de Gruyter

Bolte, Johannes / Polívka, Georg (1930): Anmerkungen zu den Kinder- und Hausmärchen der Brüder Grimm, Bd. 4., Leipzig

Bruns, Brigitte (1980): Märchen in den Medien. Bestandsaufnahme – Kritik – Alternativen, In: Zeitschrift für Pädagogik

Budde, Gunilla-Friederike (1994): Auf dem Weg ins Bürgerleben. Kindheit und Erziehung in deutschen und englischen Bürgerfamilien 1840-1914, Göttingen

Bühler, Charlotte (1918): Das Märchen und die Phantasie des Kindes. In: Hildegard Hetzer (Hrsg): Das Märchen und die Phantasie des Kindes. München

Eliot, Marc (1994): Walt Disney: Hollywood's Dark Prince: a Biography. New York

Finch, Christopher (2011): The Art of Walt Disney: From Mickey Mouse to the Magic Kingdoms and Beyond. New York

Gerstner, Herrmann (1973): Brüder Grimm. Reinbeck bei Hamburg

Grimm, Jacob / Grimm, Wilhelm (1957): Die Märchen der Brüder Grimm. Vollständige 14. Auflage, München

Hagen, Rolf (1955): Perraults Märchen und die Brüder Grimm. In: Peuckert / Stammler (Hrsg.), o. O.

Hahn, Don (2000): Animation Magic, New York

Hetmann, Frederik (1999): Märchen und Märchendeutung. erleben & verstehen, Klein Königsförde

Jerrendorf, Marion (1985): Grimms Märchen in Medien. Aspekte verschiedener Erscheinungsformen in Hörfunk, Fernsehen und Theater, Diss. Univ. Tübingen

Kamenetsky, Christa (1992): The Brothers Grimm and their Critics: Folktales and the Quest for Meaning. Athen

Karlinger, Felix (1983): Grundzüge einer Geschichte des Märchens im deutschen Sprachraum. Darmstadt

Karlinger, Felix (1988): Geschichte des Märchens im deutschen Sprachraum. 2., erweiterte Auflage, Darmstadt

Knoch, Linde (2000): Märchen und Medien. In: Märchen-Stiftung Walter Kahn (Hrsg.): Märchenspiegel. Zeitschrift für internationale Märchenforschung und Märchenpflege, Volkach, S. 10

Liptay, Fabienne (2004): WunderWelten, Märchen im Film, Remscheid

Lüthi, Max (1976): So leben sie noch heute. Betrachtungen zum Volksmärchen, Göttingen

Lüthi, Max (1978): Das europäische Volksmärchen. 6., durchgesehene Auflage, Stuttgart

Lüthi, Max (1990): Märchen. 8., durchgesehene Auflage, Stuttgart

Propp, Vladimir (1975): Morphologie des Märchens. Frankfurt a. M

Reitberger, Reinhold (1979): Walt Disney. Reinbeck bei Hamburg,

Rölleke, Heinz (1974): Die Urfassung der Grimmschen Märchensammlung von 1810. Eine Rekonstruktion ihres tatsächlichen Bestandes, In: Rainer Gruenter / Arthur Henkel (Hrsg.): Euphorion. Zeitschrift für Literaturgeschichte, 68. Bd., Heidelberg

Rölleke, Heinz(1985a): Wo das Wünschen noch geholfen hat. Gesammelte Aufsätze zu den „KHM" der Brüder Grimm, Bonn

Röllecke, Heinz (1985b): Märchen der Brüder Grimm. Eine Einführung, München

Schmitt, Christoph (1998): Adaptionen klassischer Märchen im Kinder- und Familienfernsehen. Eine volkskundlich-filmwissenschaftliche Dokumentation und genrespezifische Analyse der in den achtziger Jahren von den westdeutschen Fernsehanstalten gesendeten Märchenadaptionen mit einer Statistik aller Ausstrahlungen seit 1954, In: Becker, Jörg / Oberfeld, Charlotte (Hrsg.): Studien zur Kinder- und Jugendmedienforschung, 12. Bd., Frankfurt a. M.

Schmidt, Kurt (1936): Märchen, Sage und Legende im Unterricht. In: Zeitschrift für deutsche Bildung, o. O.

Schoof, Wilhelm (1955): Stilentwicklung der Grimmschen Märchen. In: Will-Erich Peuckert / Wolfgang Stammler (Hrsg.): Zeitschrift für deutsche Philologie. 74. Bd., München

Stumpfe, Ortrud (1965): Die Symbolsprache der Märchen. 7., verbesserte und erweiterte Auflage, Münster: Aschendorff

Thompson, Stith (1977): The Folktale. University of California Press, Berkeley Los Angeles London

Wasko, Janet (2001): Understanding Disney. The Manufacture of Fantasy, Cambridge UK

Weishaupt, Jürgen (1985): Die Märchenbrüder. Jacob und Wilhelm – ihr Leben und Wirken, Kassel

Zipes, Jack (1993): Fairy Tale as Myth/Myth as Fairy Tale. Kentucky

Internetquellen:

Belemann, Claudia (2015): Die Brüder Grimm. 07.01.2015, In: http://www.planet-wissen.de/kultur_medien/literatur/maerchen/portraet_brueder_grimm.jsp

Panzer, Friedrich (1926): Märchen. In: Deutsche Volkskunde. Leipzig, http://www.maerchenlexikon.de/texte/archiv/panzer01.htm (Zugriff am 19.05.2015)

Sunderland Echo (Hrsg.): Disney Dream of Sunderland mum who has cancer which effects one in five million. 04.06.2015, In: http://www.sunderlandecho.com/news/health/disney-dream-of-sunderland-mum-who-has-cancer-which-affects-one-in-five-million-1-7292713

Bewegte Bilder:

Sleeping Beauty (Dornröschen, München 2014, Clyde Geronimi, DVD)

Snow White and the seven Dwarfs (Schneewittchen und die sieben Zwerge, München 2014, David D. Hand, DVD)